构建高等教育共同体：面向东盟高等教育国际化研究

吕晶晶 ○ 著

本书为广西教育科学「十四五」规划2022年度高等教育国际化专项（重点课题）「面向东盟高等职业教育共同体构建的广西路径研究」（2022ZJY3053）结题成果

西南财经大学出版社
Southwestern University of Finance & Economics Press
中国·成都

图书在版编目(CIP)数据

构建高等教育共同体:面向东盟高等教育国际化研究/
吕晶晶著.--成都:西南财经大学出版社,
2024.10.--ISBN 978-7-5504-6381-3

Ⅰ.G648.9

中国国家版本馆 CIP 数据核字第 2024RQ9173 号

构建高等教育共同体:面向东盟高等教育国际化研究

GOUJIAN GAODENG JIAOYU GONGTONGTI:MIANXIANG DONGMENG GAODENG JIAOYU GUOJIHUA YANJIU

吕晶晶　著

责任编辑:楂　苗
责任校对:廖　韧
封面设计:何东琳设计工作室
责任印制:朱曼丽

出版发行	西南财经大学出版社(四川省成都市光华村街 55 号)
网　　址	http://cbs.swufe.edu.cn
电子邮件	bookcj@ swufe.edu.cn
邮政编码	610074
电　　话	028-87353785
照　　排	四川胜翔数码印务设计有限公司
印　　刷	四川五洲彩印有限责任公司
成品尺寸	170 mm×240 mm
印　　张	12
字　　数	200 千字
版　　次	2024 年 10 月第 1 版
印　　次	2024 年 10 月第 1 次印刷
书　　号	ISBN 978-7-5504-6381-3
定　　价	78.00 元

前　言

　　东盟即"东南亚国家联盟"的简称，包括越南、老挝、柬埔寨、缅甸、泰国、马来西亚、新加坡、印度尼西亚、菲律宾和文莱10个国家。东盟是一个具有广泛影响的地区性国际组织，不仅对维护地区秩序、和平与稳定发挥了特殊而重要的作用，同时对于促进地区政治、经济、安全及社会合作也具有积极的意义。东盟是中国的近邻，中国非常重视与东盟的合作关系。

　　当前，对外教育交流与合作已经成为发展对外关系最有价值的路径之一。因此，面向东盟高等教育国际化发展具有特殊而深刻的意义。文化是教育的内容，教育是文化传播的途径。中国与东盟构建高等教育共同体，可以直接推进双方文化的交流合作，增进彼此的认识和了解，最终达到相互认同的目的。建立了文化认同和教育合作关系，可以为中国与东盟的战略伙伴关系强本固基。在这样的背景下，笔者查阅了大量参考文献，精心撰写了《构建高等教育共同体：面向东盟高等教育国际化研究》一书，以期为我国面向东盟高等教育国际化发展贡献一点微薄的力量。

　　本书共有五章内容。第一章作为全书开篇，分析了面向东盟高等教育国际化的发展背景，即中国-东盟命运共同体的建设，其中阐述了共同体和命运共同体的概念，论述了中国-东盟命运共同体的建设历史、内涵与意义，让读者认识到面向东盟高等教育国际化的必要性和重要性。第二章阐释了高等教育国际化的一些理论问题，包括高等教育国际化的发展历史、经验分析和发展路径。第三章从高等教育政策、高等教育国际化以及职业教育、汉语教育四方面分析了东盟国家高等教育的发展现状，这是发展面向东盟高等教育国际化要了解的现实基础。第四章围绕当前面向东盟高等教育国际化的发展动向展开论述，既分析了现状与问题，又说明了面对的机遇和挑战。第五章的主要内容是探索面向东盟高等教育国际化的实践，涵盖发展原则、实践路径、创新举措，并举了一些现实案例加以说明。

总的来说，本书有以下两方面鲜明特点：

第一，视角全面。本书第二章从我国出发，论述了我国高等教育国际化的发展历史；第三章从东盟出发，分析了东盟国家在高等教育、职业教育、汉语教育方面的发展。在对我国和东盟双方的高等教育国际化发展都有一定了解之后，再综合论述我国面向东盟高等教育国际化的发展，形成的见解更加全面。

第二，着重实践。本书立足于现实，将重点放在探究我国面向东盟高等教育国际化的现实发展上，探索面向东盟高等教育国际化的实践路径和创新举措，旨在为之后的持续发展提供有益经验，内容落到实处。

笔者在撰写本书的过程中，参考了许多专家学者的著作，并得到了亲人朋友的大力支持，在此对各位一并表示衷心的感谢。虽然笔者已力求本书内容的精准、正确，但由于笔者知识储备和笔力有限，加之时间匆忙，书中难免有不完善的地方，还望各位同行及广大读者批评指正。

吕晶晶

2024 年 7 月

目　录

第一章 背景分析：中国-东盟命运共同体的建设

面向东盟的高等教育国际化是建立在中国-东盟命运共同体建设的背景下，对于面向东盟的国际化教育而言，中国-东盟共同体的建设是实现面向东盟高等教育国际化的重要前提。基于此，本章即对中国-东盟命运共同体的建设展开详尽、全面的探索。

第一节 共同体与命运共同体

一、共同体的概念

共同体作为人类共同生活的存在物，既是一种观念性的存在，也是一种实体性的存在①。"共同体"一词来源于拉丁文"communis""communital"，其本来意义为伙伴关系（fellowship），中译为"共同体""社区"等。其学理意义的研究始于亚里士多德，他在《政治学》中将其作为一个纯粹的政治学概念进行探讨，指的是特定的政治生活单位或者古希腊城邦，这些古希腊城邦被认为是为实现某种共同的善而建立的政治共同体，是城邦成员追求共同目标及共有共享的政治实体②。

在此后的研究中，"共同体"不再只停留于政治学的范畴，并渐渐在社会学等其他学科中得到大量运用。以德国社会学家滕尼斯为杰出代表，

---

① 王宏伟. 古希腊城邦政治共同体之中的民族政治与奴隶制：一种共同体理论的研究视角 [D]. 天津：天津师范大学，2008：5.

② 赵铁，林昆勇，何玉珍. 中国-东盟命运共同体的共同体诠释 [J]. 广西民族研究，2016（1）：150-155.

他在《共同体与社会》（*Community and Society*）中对"共同体"的概念做了完备的表述。滕尼斯认为，共同体的本质是现实的和有机的生命，包含一切亲密无间的、秘密的、单纯的共同生活，在共同体中，一个人自出生之日起与他的家庭（伙伴）便是同甘共苦、休戚与共的，是一种身体与血缘结合的生机勃勃的有机体[1]。他认为，共同体的公共性、相互性与自然性是非常重要的，同时共同体还是一种原始、自然的状态，在自然发展中形成的，在发展过程中分别经历血缘共同体、地缘共同体和精神共同体三个阶段。血缘共同体以血缘关系为基础，是一种最自然、基础的共同体，之后逐渐发展成为地缘共同体，表现为以共同的栖息地为基础，最后延伸发展成为精神共同体，它被视作代表人类最高形式的共同体。滕尼斯对"共同体"做出的解释得到了学术界人士的认同与大范围的引用，很多学者立足于自身的学科角度与迥异的假设基础进一步拓展了其内涵。麦基弗在《社区：社会学研究》中强调，"共同善"和公共利益是共同体的共同特征。马克思认为，以社会财富的充分满足和人类私有制的彻底消除为前提的自由人的联合体才是人类的真正共同体形式，它是符合人需求的自由联合体[2]。雷德菲尔德界定的共同体是一种"同质共同体"，共同体中人们做同样的事情，服从群体的习惯，甚至精神生活都是一致的，是一个完全隔绝外界的自给自足的"小共同体"[3]。塞文·布林特认为，共同体是基于成员之间共同活动或信念，由情感、忠诚、共同价值和个人情感联结在一起的一群人[4]。马克斯·韦伯（1922）丰富了滕尼斯关于共同体的观点，强调共同体具有排他性的特征[5]。有些学者从安全层面厘定共同体内涵。理查德卡·瓦根伦最早提出"安全共同体"的概念[6]，并在《政治共同体和北大西洋区域：国际组织的历史经验》中对共同体的内涵做出全面的阐

---

① FERDINAND TONNIES. Community and Society ［M］. New York：Michigan State University Press，1957：33-35.

② 马克思，恩格斯. 马克思恩格斯全集：第1卷 ［M］. 中共中央马克思恩格斯列宁斯大林著作编译局，译. 北京：人民出版社，1995：68.

③ ROBERT REDIFIELD. The folk culture of yuca tan ［M］. Chicago：The University of Chicago Press，1941：27.

④ STEVEN BRINT. Gemeinschaft revisited：a gritique and reconstruction of the community concept ［J］. Sociological theory，2001（1）：39.

⑤ 韦伯. 经济与社会：上卷 ［M］. 林远荣，译. 北京：商务印书馆，1997：382.

⑥ RICHARD W，VAN WAGENEN. Research in the international organization field：some notes on pos-sible focus ［M］. Princeton：NJ Center for Research on World Political Institution，1952：10-12.

释。卡尔·多伊奇认为，"安全共同体是实现'一体化'的集团"，主要价值观的一致性和共同的反应性是构建共同体的必备条件①。伊曼纽尔·奥德勒和迈考·巴尼特强调，"成员国之间拥有共同制度、共同价值观、共同的共同体感"，是一种去除争端的具有强烈互信的国际多元"安全共同体"②。建构主义大师亚历山大·温特认为，相互依存、共同命运、同质性和自我约束是构建"安全共同体"集体身份的主要因素③。巴里·布赞则对国际领域中的共同体进行探讨，认为共同体蕴含了对"共同善"的追求和成员之间的"分工合作"④。可以看到，不同学科背景、不同时代的学者对共同体的研究嵌入了每个阶段的时代含义，被不同学科研究赋予了相应的内涵和意义，"共同体"的本来含义和完整意义显而易见⑤。就本来意义而言，"共同体"是指在共同区域中，在共同环境下生活在一起的人群集合体，即一种身体与血缘结合的有机体。就完整意义而言，"共同体"是在特定的区域中，拥有相同或相近的生活习惯、文化传统、价值追求和目标愿景，集体认同感强，社会整合度高，为了追寻某种共同利益或"共同善"而集合在一起的有机依存体⑥。

二、命运共同体的提出与内涵

（一）命运共同体的提出

2012 年 11 月，党的十八大报告明确提出，"要倡导人类命运共同体意识，在追求本国利益时兼顾他国合理关切，在谋求本国发展中促进各国共同发展"。同年 12 月，习近平就任总书记后首次会见外国人士时就表示，国际社会日益成为一个"你中有我、我中有你"的命运共同体，面对世界

① KARL W, DEUTSCH, SINDNEY A, et al. Political community and the north atlantic areas: international organization in the light of historical experience [M]. Princeton: Princeton University Press, 1957: 5-6.

② EMANUEL ADLER, MICHAEL BARNELT. Security communities [M]. Cambridge: Cambridge University Press, 1998: 6-7.

③ 温特. 国际政治的社会理论 [M]. 秦亚青, 译. 上海: 上海人民出版社, 2000: 350.

④ 布赞, 佩莱兹. 国际共同体意味着什么? [J]. 任东波, 蒋晓宇, 译. 史学集刊, 2005 (2): 1-6.

⑤ 赵铁, 林昆勇, 何玉珍. 中国-东盟命运共同体的共同体诠释 [J]. 广西民族研究, 2016 (1): 150-155.

⑥ 赵铁, 林昆勇, 何玉珍. 中国-东盟命运共同体的共同体诠释 [J]. 广西民族研究, 2016 (1): 150-155.

经济的复杂形势和全球性问题，任何国家都不可能独善其身①。"命运共同体"的概念虽然是在党的十八大之后广受瞩目，但就其提出而言，并非始于党的十八大。早在 2007 年，时任中共中央总书记胡锦涛在中国共产党第十七次全国人民代表大会报告上就正式提出"命运共同体"这一概念，当时他是用这一概念来描述中国大陆和台湾地区之间特殊的两岸关系②。2011 年《中国的和平发展》白皮书提出，要以"命运共同体"的新视角，寻求人类共同利益和共同价值的新内涵。这一概念还出现在了 2012 年 6 月胡锦涛在上海合作组织峰会的演讲，以及之后他在 2012 年全国人大的报告当中。

2013 年 3 月，习近平就任中国国家主席后首次出访——对俄罗斯、坦桑尼亚、南非、刚果共和国的国事访问和出席金砖国家领导人第五次会晤，他在莫斯科国际关系学院的演讲中曾经提及"命运共同体"这一理念，在坦桑尼亚发表演讲时，三次强调命运共同体的重要性——中非人民"结下了同呼吸、共命运、心连心的兄弟情谊"，"中非从来都是命运共同体，共同的历史遭遇、共同的发展任务、共同的战略利益把我们紧紧联系在一起"③，"全非洲是一个命运与共的大家庭……"④ 4 月，习近平主席参加博鳌亚洲论坛时在主旨演讲中强调，"我们生活在同一个地球村，应该牢固树立命运共同体意识"⑤。9 月，在二十国集团领导人第八次峰会上，习近平主席指出，"各国要树立命运共同体意识，真正认清'一荣俱荣、一损俱损'的连带效应"⑥。同月，在上海合作组织成员国元首理事会第十三次会议上，习近平主席表示要把上海合作组织打造成"成员国命运共同

① 新华国际. 习近平向世界传达中国善意 宣示"中国绝不会称霸"[EB/OL].（2012-12-07）[2024-05-13].http://news.xinhuanet.com/world/2012/12/07/c_124059747.htm.

② 人民网. 胡锦涛在中国共产党第十七次全国代表大会上的报告[EB/OL].（2007-10-25）[2024-05-13].http://www.chinapeople.com/peopleele/pqrty/pqrtyinfo.aspx? pid=4044.

③ 新华网. 习近平：永远做可靠朋友和真诚伙伴：在坦桑尼亚尼雷尔国际会议中心的演讲[EB/OL].（2013-3-25）[2024-05-13].http://news.xinhuanet.com/politics/2013-03/25/c_124501703.htm.

④ 新华网. 习近平：永远做可靠朋友和真诚伙伴：在坦桑尼亚尼雷尔国际会议中心的演讲[EB/OL].（2013-3-25）[2024-05-13].http://news.xinhuanet.com/politics/2013-03/25/c_124501703.htm.

⑤ 孟娜. 习近平博鳌亚洲论坛 2013 年年会演讲释放和平发展信号[EB/OL].（2013-04-07）[2024-05-13].http//news.xinhuanet.com/politics/2013-04/07/c_115296941.htm.

⑥ 新华网. 习近平在二十国集团领导人第八次峰会第一阶段会议上的发言[EB/OL].（2013-09-06）[2024-05-13].http://news.xinhuanet.com/world/2013—09/06/c_117249618.htm.

体和利益共同体，使其成为成员国共谋稳定、共同发展的可靠保障和战略依托"①。10月，习近平主席出访东盟时在印度尼西亚国会的演讲中郑重提出了"携手建设中国-东盟命运共同体"的倡议，强调要"坚持讲信修睦、合作共赢、守望相助、心心相印、开放包容，使双方成为兴衰相伴、安危与共、同舟共济的好邻居、好朋友、好伙伴"②。

应当说，在习近平主席的每次重大外交活动中，几乎都能够感受到"命运共同体"理念的渗透。在中国的语言体系里，"共同体"通常可以视为一种情感纽带，在"共同体"之前加上"命运"则流露出一种血缘色彩，反映了中国人重视情感的优良传统。从通俗意义上说，"命运共同体"就是相关国家结成命运休戚与共的关系，它不仅包括经济层面，还包括社会、人文、价值观、安全等层面。因此，作为命运共同体，它应该具备这样几个特征：通过经济的共同发展享受富足丰裕的生活；通过合作共赢的安全享受共同的安全；通过和谐相处享受人民的友谊。命运共同体的建设明显是一个双向奔赴的过程，不仅需要中国投入一定的力量，还要求其他国家表示理解，并通力合作。

（二）人类命运共同体的内涵

人类命运共同体理念是以习近平同志为核心的党中央为应对全球共同挑战和建设美好世界而提出的中国方案，其内涵十分丰富，具有中国特色，体现了中国传统文化独特的文化价值观和世界观。

1. 超越时空的人类整体合作观

随着全球化的不断推进，人们已经普遍意识到人类社会是一个相互依存的命运共同体。20世纪90年代以来，人类社会进入了一个更加复杂的阶段，国际社会发生的许多重大事件较为显著地影响着人类的发展走向，也重新塑造了国际经济、政治、文化和生态环境的格局与版图，使各个国家之间彼此相互依存的现象获得了更加深厚的内涵。在经济全球一体化的如今，一国发生的危机会借助全球化机制的传导较为快速地影响到全球。面对这些危机，国际社会只能携手并进、共克时艰。如2008年的金融危机爆发后，二十国集团构建起来的危机应对机制是国家之间在相互依存中通

---

① 郭金超. 习近平出席上海合作组织峰会 提出四点主张[EB/OL].(2013-09-13)[2024-05-13].http://www.chinanews.com/gn/2013/09-13/5284684.shtml.

② 中国新闻网. 国家主席习近平在印度尼西亚国会发表演讲[EB/OL].(2013-10-03)[2024-05-13].http://www.chinanews.com/gn/2013/10-03/5344133.shtml.

过国际机制建设应对国际危机的例证。可以设想，如果国家之间互不合作、以邻为壑，这些危机完全可能像二十世纪二三十年代的危机一样，引发冲突甚至战争，给人类社会带来严重灾难。

2. 超越国家、民族和种族的整体利益观

经济全球化使得人们深刻反思了传统的国家利益观。瞬间万里、天涯咫尺的全球化传导机制把人类居住的星球变成了"地球村"。各国利益的高度交融使每个国家都成为一个共同利益链条上的一环。任何一个环节出现问题，也许都会引发全球利益链断裂。当一个国家出现粮食安全方面的问题，那么大量饥民便可能向别国涌入。交通工具的发展为难民潮的流动提供了便利，而人道理念的进步又使"拒难民于国门之外"面临很大的道义压力。以互联网技术为标志的现代信息技术革命把各国空前紧密地连在一起，使世界各个国家及民族的交往和联系空前紧密，结成了共存共荣的利益共同体。在这样的背景下，人们对共同利益也有了新的认识。既然人类已经处在"地球村"中，那么各国公民同时就是地球公民，全球的利益同时也就是自己的利益，一个国家采取有利于全球利益的举措也就同时服务了自身利益。

3. 昭示人类终极发展指向的整体发展观

工业革命之后，人类实现了对自然资源的高效开发与利用，然而这也导致了环境污染问题与一些极端事件。自工业革命以来，人类对自然界无节制地开发与利用，导致了对工业文明创造成果的反噬，引发了人类和自然界的对立，促使人类从更深层的角度反思自身的发展方向与目标，并有意识地调整和纠正工业文明的各种问题与不足，进而催生了生态文明的萌发。

1972 年，"罗马俱乐部"发表了《增长的极限》报告，提出"若世界按照现在的人口和经济增长以及资源消耗、环境污染趋势继续发展下去，那么我们这个星球迟早将达到极限进而崩溃"，引起国际社会极大争论。同年，联合国在斯德哥尔摩召开人类环境研讨会，有人在会上首次提出了"可持续发展"的概念。1983 年，联合国成立了世界环境与发展委员会并进行了专题研究。该委员会于 1987 年还发表了《我们共同的未来》报告，正式将可持续发展定义为"既能满足当代人需要，又不对后代人满足其需要的能力构成危害的发展"。此后，可持续发展成为国际社会的共识。1992 年，联合国在巴西里约热内卢召开环境与发展大会，通过了以可持续发展为核心的《里约环境与发展宣言》，又称为《地球宪章》。2002 年，联合国在南非召开可持续发展问题世界首脑会议，通过了《约翰内斯堡执行计划》。2012 年，各国首脑在里约热内卢相聚，正式出席联合国可持续发展大会峰会，重申各国对可持续发展的承诺，探索在此方面取得的成绩和有待改进之处，发表了《我们憧憬的未来》成果文件。

2015 年 12 月 12 日，在第 21 届联合国气候变化大会（巴黎气候大会）上，全世界有 178 个缔约方共同签署通过了《巴黎协定》，对 2020 年后全球应对气候变化的行动做出了统一安排。《巴黎协定》的长期目标是将全球平均气温较前工业化时期上升幅度控制在 2 摄氏度以内，并努力将温度的上升幅度限制在 1.5 摄氏度以内。该协定要求欧美等发达国家继续保持率先减排，并保证减排的绝对量化，给予发展中国家资金上的援助；发展中国家应当基于自身的实际情形设立相应的减排任务，逐步完成绝对减排或限排计划；最不发达国家与小岛屿发展中国家可以编制和通报反映其特殊情况的关于温室气体排放发展的战略、计划和行动。

2016 年 11 月，国务院印发了《"十三五"生态环境保护规划》（2016—2020 年），在第七章"维护国家生态安全"一节中明确提出：构建生物多样性保护网络，继续开展生物多样性保护活动，加强生物多样性优先区域管理，完善迁地保护设施，实现对生物多样性的系统保护。

2021 年 10 月，中国政府在昆明举办了《生物多样性公约》缔约方大会第十五次会议（COP15），开展了"2020 年后生物多样性框架"谈判。中国是世界上生物多样性最为丰富的国家之一，中国政府始终竭力和国际社会共同建设全球生态文明体系，为全球生物多样性保护与持续性发展奠定必要的基础。

4. 基于共同生存发展挑战的全球治理观

人类命运共同体理念在应对人类共同的挑战——生态危机中的实现形式就是基于共同生存发展挑战的全球治理观。全球治理观的核心观点是，全球化导致国际行为主体多元化，解决全球性问题成为一个由政府、政府间组织、非政府组织、跨国公司等共同参与和互动的过程。其重要途径是强化国际规范和国际机制，形成一个具有机制约束力和道德规范力的、能够解决全球问题的全球机制。比如，2008 年国际金融危机爆发后，二十国集团协调各国应对危机，为了规避世界经济陷入全球大萧条的窘境。国际上设置了各种协调磋商机制，促使国际社会变得更加规范、系统。

近些年来，随着中国综合实力的不断提升，中国共产党与政府通过人类命运共同体的广阔视野，主动担负起本国应尽的义务，参加全球治理，促使全球治理变得更为公正合理、包容进步，为利用全球治理形成的倒逼机制促进中国国内改革，为实现世界各国从全球治理中获得更多的和平发展机遇做出了重要贡献。中国将秉承共商、共建、共享的全球观，积极参与全球治理体系改革与建设，并坚定维护以《联合国宪章》的宗旨和原则为核心的国际秩序和国际体系，推进国际关系民主化，支持联合国发挥积极作用，支持广大发展中国家在国际事务中的代表权和发言权，建设性参与国际与地区热点问题的解决进程，主动应对各种全球性的问题，为维护国际社会的稳定贡献出自己的一分力量。中国将持续展现大国担当，不断健全全球治理。人类命运共同体理念蕴含的相互依存的国际权力观、共同利益观、可持续发展观和全球治理观，为人类命运共同体的建设奠定了基本的价值观。由于国际社会存在的各种价值观仍主要服务于不同国家的现实利益，人类命运共同体的建设仍旧是一个耗时较长且曲折复杂的过程。若是各国政治家可以立足于人类的长远发展来思索问题，而不是从短期国内政治需求出发来制定政策，一个更高程度的、走向共同繁荣的人类命运共同体完全是可以建成的①。

第二节　中国-东盟命运共同体建设的历史

就推进中国-东盟命运共同体建设来说，它是中国与东盟国家关系的自然发展，体现了中国-东盟双边关系发展的内在需要，表现为双边互动、共同推动的历史发展进程，是中国与东盟双边情感认知和价值认同以及形成共同情感和共同价值观的过程。中国-东盟命运共同体建设不但是一个关键的理论课题，而且是一个重要的实际发展问题，对于深化中国-东盟战略伙伴关系、拓展中国-东盟战略伙伴关系的深度和广度，以及推动中国-东盟新型战略伙伴关系的构建具有重大意义。

---

① 罗志勇. 生态文明建设中的生态公正问题研究［M］. 苏州：苏州大学出版社，2021：220.

一、中国与东盟国家安危与共、风雨同舟共发展

中国与东盟国家山水相连、血脉相亲、文化相近，自古以来，中国十分重视与东盟国家之间的睦邻友好、与邻为善、以邻为伴。中国与东南亚国家共同打造了陆海丝绸之路，与东南亚国家进行了密切交往和友好往来。到明代，郑和七次下西洋充分展现了当时中国"以德睦邻"和"共享太平之福"的周边外交政策，为东南亚国家带去中国的瓷器、丝绸和茶叶等物品，换回香料、染料和宝石等物品，加深了中国与东南亚国家的友好关系。到近代，中国和东南亚国家一样都曾遭受侵略掠夺，遭受被殖民、被压迫的屈辱，在追求人民自由、民族解放的进程中，进行了英勇的抗争，实现了国家的独立，维护了民族的尊严。

中华人民共和国自成立后，始终坚持睦邻友好的外交政策。1953年，中国与印度、缅甸共同倡导和平共处五项原则，为中国同东南亚等周边国家的关系提供了指导原则，并发展成为处理国际关系的基本准则。在此后很长一段时间，由于受到了当时国际大环境与国内外各种迥异因素的影响，中国和东盟国家经历了较为复杂、曲折的发展历程。改革开放以来，我国推行的周边外交政策是以"与邻为善、以邻为伴，坚持睦邻、安邻、富邻"作为基本方针。1991年，我国与东盟正式对话，并开始成为东盟的磋商伙伴。1996年，我国成为东盟的全面对话伙伴国。1997年，我国与东盟各国联合发表《中华人民共和国与东盟国家领导人会议联合声明》，确定了中国与东盟共同建立面向21世纪的睦邻互信伙伴关系。2002年，我国与东盟共同签署《中国-东盟全面经济合作框架协议》，提出2010年如期建成中国-东盟自由贸易区的战略目标。2003年，我国与东盟共同签署《南海各方行为宣言》和《中国与东盟面向和平与繁荣的战略伙伴关系联合宣言》，正式加入《东南亚友好合作条约》，与东盟正式建立战略伙伴关系。中国与东盟本着相互尊重、相互支持、共度时艰、携手发展的原则，双方先后于2004年、2006年、2010年制订行动计划，并先后于2003年、2005年召开关于非典型性肺炎问题特别会议以及东盟地震和海啸灾后问题领导人特别会议，又于2006年、2011年发表了纪念中国-东盟建立对话关系15周年纪念峰会和20周年纪念峰会的联合声明。2013年，习近平主席发出要进行携手建设中国-东盟命运共同体的倡议，全面阐述中国对东盟实施睦邻友好政策，中国愿同东盟国家共同努力，使双方发展成为兴衰相

伴、安危与共、同舟共济的好邻居、好朋友、好伙伴。同时，时任总理李克强在第十六次中国-东盟领导人会议上明确提出中国-东盟关系未来发展的推进合作的根本在于深化战略互信，拓展睦邻友好和深化合作的关键是聚焦经济发展，扩大互利共赢的"两点政治共识"，以及积极探讨签署中国-东盟国家睦邻友好合作条约、启动中国-东盟自由贸易区升级版谈判、加快互联互通基础设施建设、加强本地区金融合作和风险防范、稳步推进海上合作、加强安全领域交流与合作和密切人文、科技、环保等交流的"7个合作领域"。

2014年，我国在第十七次中国-东盟领导人会议上明确提出，要深化中国-东盟合作发展，必须着力协同规划中国-东盟关系发展大战略、共同打造中国-东盟自由贸易区升级版、加快建设互联互通基础网、精心营造海上合作新亮点、努力保障传统领域和非传统领域"双安全"以及积极开拓人文科技环保合作新领域等建议。

中国与东盟国家的关系发展特别是1991年中国正式成为东盟磋商伙伴以来，中国与东盟国家安危与共、风雨同舟共发展的历程可以从表1-1得到说明和体现。从中国与东盟关系的演变可以看到，中国的繁荣发展同世界特别是东盟国家的联系密不可分，因此其更加重视与东盟国家结成好邻居、好朋友、好伙伴。历史和现实证明，中国的繁荣发展有利于东盟国家的繁荣富强，中国的繁荣发展和东盟国家共同发展日益紧密地联系在一起。我们有理由相信，在睦邻、安邻、富邻的基础上，中国与东盟国家关系将会继续保持快速发展的良好势头，好邻居、好朋友、好伙伴将是中国-东盟关系不可逆转的主流。

表1-1　中国与东盟国家关系发展历程

时间	事件
1991年7月	中国外交部时任部长钱其琛出席第24届东盟外长会议开幕式，标志着中国开始成为东盟的磋商伙伴
1996年7月	东盟外长一致同意中国为东盟的全面对话伙伴国
1997年12月	中国时任国家主席江泽民出席首次中国-东盟领导人会议，中国与东盟领导人共同发表《中华人民共和国与东盟国家领导人会议联合声明》，明确确定面向21世纪的睦邻互信伙伴关系
2002年11月	在第六次中国-东盟领导人会议上，中国-东盟双方签署《中国-东盟全面经济合作框架协议》，明确确定2010年要建成中国-东盟自由贸易区

表1-1(续)

时间	事件
2003 年 10 月	在第七次中国-东盟领导人会议上,中国与东盟签署了《中国与东盟面向和平与繁荣的战略伙伴关系联合宣言》,中国正式加入《东南亚友好合作条约》,双方政治互信进一步增强
2004 年 11 月	在第八次中国-东盟领导人会议上,中国与东盟共同签署《中国-东盟全面经济合作框架协议货物贸易协议》(以下简称《货物贸易协议》)和《中国与东盟全面经济合作框架协议争端解决机制协议》,实质性推动中国-东盟自由贸易区建设
2005 年 7 月	中国与东盟开始实施中国-东盟自由贸易区《货物贸易协议》
2007 年 1 月	中国与东盟共同签署中国-东盟自由贸易区《服务贸易协议》,奠定了中国-东盟如期全面建成自由贸易区的坚实基础
2009 年 8 月	中国与东盟共同签署中国-东盟自由贸易区《投资协议》,标志着中国-东盟双方成功地完成了中国-东盟自由贸易区协议的主要谈判,中国-东盟自由贸易区将如期在 2010 建成
2010 年 1 月	中国-东盟自由贸易区如期建成,形成一个拥有 19 亿人口、国内生产总值接近 6 万亿美元、贸易总额达 4.5 万亿美元,由发展中国家组成的自由贸易区①
2011 年 11 月	在第十四次中国-东盟领导人会议暨中国-东盟建立对话关系 20 周年纪念峰会上,中国与东盟共同发表了关于第十四次中国-东盟领导人会议的联合声明
2012 年 11 月	中国应邀出席第二十一届东盟峰会、第七届东亚峰会、第十五次中国-东盟(10+1)领导人会议、东盟与中日韩(10+3)合作 15 周年纪念峰会等东亚系列峰会
2013 年 10 月	在第十六次中国-东盟领导人会议上,中国与东盟共同发表《纪念中国-东盟建立战略伙伴关系 10 周年联合声明》
2014 年 4 月	中国-东盟文化交流年开幕式在北京举行

二、中国与东盟国家共同面临历史性发展机遇

以 2013 年中国-东盟建立战略伙伴关系 10 周年为标志,中国-东盟合作的经济政治格局发生了深刻变化,双方携手建设更为紧密的命运共同体,中国-东盟合作关系开启由"黄金十年"迈向"钻石十年"的历史新篇章。中国与东盟国家在政治、经济、安全和人文等多领域开展了充分的合作,互利共赢合作持续深化,社会人文交流处于非常活跃的状态,国家

---

① 林昆勇. 积极推进中国-东盟命运共同体建设 [J]. 东南亚纵横, 2015 (7): 35-39.

之间的利益纽带变得愈发紧密，促使中国与东盟国家之间形成了更加强烈的共同体意识。在"亚洲世纪"的良好发展态势下，中国与东盟国家持续强化与深化合作，实现了共同发展，这也成为中国与东盟各国的共识。中国与东盟国家正在朝着休戚与共、命运攸关的利益共同体方向发展。

中国-东盟具有非常深厚的关系基础，两者具有巨大的合作潜力与广阔的发展前景，双方优势互补、利益交融、携手并进、互利共赢，共享发展机遇，共促发展成果。早在2000年，中国在第4次中国-东盟领导人会议上就提出了建立中国-东盟自由贸易区的设想。2002年，中国在第6次中国-东盟领导人会议上共同签署《中国-东盟全面经济合作框架协议》。2004年，中国与东盟签署《货物贸易协议》，双方开始对500多种产品实施降税。2005年，中国与东盟实施《货物贸易协议》，双方有7 000多种产品开始全面降税。

2006年和2007年，中国对东盟的出口额分别增长了28.80%和32.02%，同时期内，东盟对中国的出口额也分别增长了19.38%和21.07%。2010年1月，中国-东盟自由贸易区如期建成，中国与东盟双方除敏感产品外都享受零关税。同年，东盟成为中国第四大贸易伙伴，双方贸易额达到2 928亿美元。其中，中国对东盟的出口额为1 382.2亿美元；自东盟的进口额为1 545.6亿美元，对东盟的贸易逆差为163.4亿美元。中国与东盟的进出口额从2002年的547.81亿美元增加到2011年的3 630.89亿美元，创出历史新高。2002—2011年，双方贸易额增长超过6倍，年均同比增长率超过25%。2010—2013年，中国与东盟贸易额每年均以两位数增长，其中2012年双方贸易额达到4 000.93亿美元，同比增长10.2%[①]。2013年，中国-东盟双方的贸易额达到4 436.1亿美元，同比增长10.9%[②]。中国连续三年成为东盟第一大贸易伙伴，同时，东盟成为中国第三大贸易伙伴。2014年，中国-东盟双方的贸易额再创新高，达到4 804亿美元，同比增长8.3%[③]。中国与东盟深化各个领域的合作以及共同推动地区繁荣发展有着广阔的空间和美好的前景。

亚太地区的安全秩序不断朝着合作安全、和平协调、共同兴盛的方向演变。中国-东盟持续加强双方之间的合作，实现共同繁荣已经成为中国

---

① 吕余生，王士威. 中国-东盟年鉴2013 [M]. 北京：线装书局：204.

② 吕余生，王士威. 中国-东盟年鉴2014 [M]. 北京：线装书局：203.

③ 吕余生，沈德海. 中国-东盟年鉴2015 [M]. 北京：线装书局：205.

和东盟双方的共同认知。在"黄金十年"，中国和东盟双方已结成了一个休戚与共的利益共同体，在"钻石十年"，中国与东盟朝着利益更加共享、命运更加交融的利益共同体的方向发展。然而，当下仍旧存在着不利于中国与东盟双方关系的因素，双方也并没有完全解决局部的冲突隐患，这要求中国和东盟国家合理地应对各种矛盾与挑战。中国的发展为东盟、亚洲乃至世界带来了发展机遇，命运共同体的建立，可以使中国与东盟国家、亚洲各国乃至世界各国共同抓住自身经济社会发展的机遇、共同分享经济社会发展的成果、共同增进中国及东盟国家和亚洲各国乃至世界人民的福祉。

三、中国特色大国外交优先在东盟国家践行

中国面对其他地区的发展与国际形势的日新月异，提出并加强建立富有鲜明中国特色的大国外交，积极拓展周边关系，为中国的复兴与繁荣建立起更加稳定的周边关系。2013年是中国－东盟关系承上启下、继往开来的重要年份，中国－东盟双边关系全面提升，东盟成为中国开展周边外交的优先方向，揭开了中国与东盟外交的恢宏序幕。中国把发展与东盟国家的关系置于周边外交关系之首，坚定不移地深化睦邻友好交往。中国与东盟双边合作互惠互利、合作共赢，将为中国与东盟双方关系的健康、稳定、快速发展奠定坚实基础，也为命运共同体的建设提供良好条件。

具有中国特色的大国外交推动了中国与东盟双边国家领导人交往频繁。2013年，中国与东盟以建立战略伙伴关系10周年为契机，双边高层往来频繁，双方政治互信不断增强。4月，柬埔寨时任首相洪森出席亚洲博鳌论坛并访问中国；文莱苏丹哈桑纳尔出席亚洲博鳌论坛并访问中国。6月，越南时任国家主席张晋创访问中国，双方共同发表了联合声明；中国与缅甸签署《中缅全面战略合作伙伴关系行动计划》。8月，新加坡时任总理李显龙访问中国。9月，老挝时任国家主席朱马里访问中国。10月，中国国家主席习近平在访问印度尼西亚时发表题为《携手建设中国－东盟命运共同体》的重要演讲，中国与印度尼西亚共同发表《中印尼全面战略伙伴关系未来规划》；中国国家主席习近平在访问马来西亚时明确指出，中国与马来西亚双方决定将中马关系提升为全面战略伙伴关系；习近平主席出席亚太经合组织（APEC）峰会，发表题为《深化改革开放　共创美好亚太》的重要演讲。同月，中国时任总理李克强访问文莱，中国－文莱双

方发表《中华人民共和国和文莱达鲁萨兰国联合声明》；时任总理李克强访问泰国，中国与泰国双方发表《中泰关系发展远景规划》；时任总理李克强访问越南，中国与越南双方发表《新时期深化中越全面战略合作的联合声明》。2014 年 11 月，中国时任总理李克强出席第九届东亚峰会与第十七次中国-东盟（10+1）领导人会议①。

中国和东盟国家领导人时常展开交流，这也促使双边国家经贸合作关系变得更加紧密。扩大经贸利益融合、促进合作共赢是中国和东盟双方关系得以稳定发展的纽带。2013 年，中国成为东盟的最大贸易伙伴，东盟成为中国第三大贸易伙伴，中国与东盟建成了世界上最大的发展中国家自由贸易区。其中，中国是印度尼西亚、马来西亚、越南、缅甸等东盟国家的最大贸易伙伴；中新苏州工业园区、中新天津生态城、中马钦州产业园区、马中关丹产业园等中国与东盟国家合作重大项目稳步推进，成效显著。我国积极倡议筹建亚洲基础设施投资银行，重点向东盟国家在内的本地区发展中国家的基础设施建设提供资金支持，提出与东盟国家共同建设"21 世纪海上丝绸之路"。2014 年，我国提议与东盟共同打造中国-东盟自由贸易区升级版，愿意与东盟国家共同推进建设跨境经济合作区和产业园区，宣布成立 21 世纪海上丝绸之路基金，优先支持中国与东盟"互联互通"的基础网建设，坚持通过对话协商解决与东盟国家的边界领土和海洋权益争议②。与东盟国家在落实《南海各方行为宣言》框架下启动磋商"南海行为准则"，积极推进中国与东盟国家的共同发展和共同繁荣，齐心协力规划好中国-东盟关系发展大战略，共同打造中国-东盟自由贸易区升级版。

一直以来，维持与促进我国经济实力持续增长的重要基础便是保证我国和周边国家关系的和谐。东南亚与我国国土毗邻，在我国周边外交格局中占据着重要的地位。中国发展得越好，其和周边国家尤其是东盟国家联系得越密切，便越珍惜和周边国家的友好关系。实践表明，中国和东盟各国的发展是紧密联系在一起的，基于和平共处五项原则发展友好的关系，能够使本地区国家与民众都获得一定的便利，能够丰富中国外交的内涵，为中国-东盟命运共同体以及人类命运共同体建设奠定坚实基础③。

---

① 林昆勇. 积极推进中国-东盟命运共同体建设 [J]. 东南亚纵横，2015（7）：35-39.
② 林昆勇. 积极推进中国-东盟命运共同体建设 [J]. 东南亚纵横，2015（7）：35-39.
③ 赵铁. 中国-东盟命运共同体建设中文化产业作用机制研究 [M]. 北京：人民出版社，2018：107.

第三节 中国-东盟命运共同体建设的内涵与意义

一、中国-东盟命运共同体建设的内涵

"中国-东盟命运共同体"与"命运共同体"体现了共性和个性的辩证统一关系，是"命运共同体"的物质载体和时代表现形式，隐含着一种关系交错、利益融合的复合关系，共同的身份、共同的价值、共同的目标与共同的愿景实现了中国和东盟的紧密联系，这种水乳交融的共通共变态势进一步推动和深化了在和平发展的共同目标下中国与东盟面向和平与繁荣的战略合作伙伴关系。

作为中国政府的重要倡议，"中国-东盟命运共同体"强调坚持讲信修睦、合作共赢、守望相助、心心相印、开放包容，"使双方成为兴衰相伴、安危与共、同舟共济的好邻居、好朋友、好伙伴"①，体现了中国-东盟关系发展的最高阶段，是双边关系持续健康发展的自然历史结果。从区域因素的角度来看，中国和东盟国家相互毗邻，文化上具有深厚的渊源，经济结构彼此互补，社会发展也具有同质性，这使得两者变得十分紧密，也成为共同体建设的重要基础。从关系发展的角度来看，中国-东盟双边关系从不熟悉到熟悉、从彼此隔绝到诚信合作，在文化、政治、经济等多个领域逐步形成了水乳交融的关系。"中国-东盟命运共同体"所具有的交融性的特有之意，要求坚持和平发展的基本原则，奉行"亲诚惠容"的近邻外交理念，推动共建"一带一路"高质量发展，助力构建新发展格局。

一是坚持和平发展的基本原则。中国与东盟各国都经历了磨难和战争，和平发展始终是各国坚守的第一要务。中国现代化的快速发展，综合国力得到提升，"中国崛起"使一些东盟国家感到忧虑，在中国-东盟关系发展中便生出了不信任的种子。受制于各种因素，一些东盟国家对中国"近而不亲"，某些国家甚至担心一体化的共同发展会进一步加大国家之间的发展差距，"中国-东盟命运共同体"建设会成为中国的工具，从而损害自身的利益。对中国来说，与东盟国家一起建设"中国-东盟命运共同体"，不是为了霸权政治以及建立以自己为中心的势力范围，而是为了构

---

① 习近平. 习近平谈治国理政：第一卷 [M]. 北京：外文出版社，2017：292.

建一个和平稳定、共同发展的生存环境。和平稳定的建设发展环境显得极其关键，然而较易受到经济、文化等因素的干扰，这便需要各个国家携手并进，逐渐消除信任上的隔阂，促进双方在文化、价值与身份上的认同。共同发展目标需要双方在更大范围内构建多方面、多层次的利益汇合点，在和平中实现发展，在发展中促进和平，实现和平与发展的良性互动和多方共赢。

二是奉行"亲诚惠容"的近邻外交理念。"亲诚惠容"的交往理念是习近平主席在周边外交工作座谈会上提出来的，强调要常见面，多走动，多做得人心、暖人心的事，使周边国家对我们更友善、更亲近、更认同，让"命运共同体"意识在周边国家落地生根。它反映了中国传统文化的精华，我们应当竭力做好周边外交工作，构建周边命运共同体，树立亲诚惠容的周边外交理念，始终坚持和周边国家保持友好关系，坚持睦邻、安邻、富邻，深化同周边国家的互利合作和互联互通。"亲"强调巩固地缘相近、人缘相亲、文缘相通的情感纽带，使东盟各国对中国更亲近、更认同、更支持，使"命运共同体"深入人心。"诚"即诚心、诚信、诚意，要求尊重东盟国家发展现实、宗教信仰和政治制度，真诚开展协商、对话、合作，对东盟国家做到承诺必践，坦诚以待。"惠"指的是双方应当秉承着互惠互利的原则进行合作，形成更加密切的共同利益网络，促使双方的利益融合与协同发展步入更高的阶段。"容"则是开放包容、求同存异，以开放的胸襟、包容的心态对待国家之间的分歧，以"兼济天下"的情怀实现各方的和谐共处和共同发展。

三是推动共建"一带一路"高质量发展，助力构建新发展格局。丝绸之路经济带和21世纪海上丝绸之路是打造"中国-东盟命运共同体"的重要路径，特别是"21世纪海上丝绸之路"对于中国-东盟关系具有特别意义。首先，兼顾共同利益，实施一系列互联互通经济合作项目，促进临港产业、海上货物贸易、海洋运输、能源资源等领域的双边与多边合作，给中国和东盟各个国家带来实实在在的共同利益，这是构建"中国-东盟命运共同体"的首要基础；其次，承担共同责任，维护海上贸易通道安全，打击海盗，保护海洋资源和生态环境，搁置南海争议，共同开发，应对挑战，维护地区和平与稳定，这是构建"中国-东盟命运共同体"必不可少的内容；再次，促使产业的优化、经济的欣荣与社会协调发展，促使东盟国家的现代化达到更高水准，实现双方共同兴盛，这是构建"中国-东盟命运共同体"的第一目标。最后，推动共同理解，增进彼此之间的包容理解和战略互信，促进经济、社会、安全、文化等领域的互联互通，倡导和合、包容和亲仁善邻的中华精神，增强国家和民族的向心力、凝聚力，逐步实现身份认同、文化认同、价值认同和愿景认同，这是构建"中国-东盟命运共同体"的根本保障。

二、中国-东盟命运共同体建设的意义

（一）认同的互信观：中国-东盟命运共同体建设的重要依托

互相信任是中国与东盟双方建立命运共同体的重要基础，东盟各国和中国之间的关系变得愈发良好，中国-东盟双方的政治互信持续发展。东盟秘书处前秘书鲁道夫·赛维里诺曾表达了这样的看法，认为中国已经成功地使东盟各成员国不再将其看成威胁，更积极的一点是，东盟国家日益镇定甚至是满意地把中国看成一个崛起的亚洲大国①。

中国和东盟的战略互信获得了全面建设与发展，在地缘政治上，中国和东盟国家彼此毗邻，血脉相亲。一直以来，中国都注重优先与东盟国家进行周边外交，以尊重的态度面对东盟各个国家，支持东盟在区域合作中的中心地位，东盟也把中国当作东盟一体化的重要机遇，中国-东盟双方日益成为统一的整体，共同努力建设有利双方的地缘政治。在战略互信方面，中国与东盟双方政治互信不断加深，共同举办了东盟与中国（"10+1"）领导人会议和东盟地区论坛（ARF）外长会等一系列高级会议，各方同意加强交流沟通，增加国家战略、国防战略和决策的透明度，增进政治互信，通过共识的方式达成更高层次的政治合作。在互信合作方面，"2+7"合作框架是中国-东盟命运共同体的延续，是这一共同理念的具体化。中国在落实"2+7"合作框架中明确提出，加快推进商签中国东盟国家"睦邻友好合作条约"，加快推进中国-东盟自由贸易区升级版谈判，共同建设21世纪海上丝绸之路和成立亚洲基础设施投资银行等一系列倡议，旨在携手推进更为紧密的合作，夯实政治互信。

（二）认同的发展观：中国-东盟命运共同体建设的基本动力

认同的发展观是中国与东盟建立命运共同体的动力所在。在经济全球化愈发深入的如今，不管哪个国家，只借助自身单一的力量都是十分有限

① 赛维里诺，王玉主. 中国-东盟关系：过去、现在与未来[J]. 当代亚太，2008（3）：9-12.

的。国际交流协作和彼此依存的程度越来越密切，世界上所有国家都需要强化相互之间的合作关系实现自身利益的扩大。

经过长时间的发展，中国和东盟在经济领域展开的紧密合作不但取得了非常优良的成绩，而且实现了双方共同利益的扩大，并使双方形成了更加密切的利益关系，这成为构建"中国-东盟利益共同体"最坚实的基础和最有效的推动力。世界经济整体复苏乏力，中国-东盟合作正处于发展建设的关键时期，中国与东盟国家基于资源的互补性加强紧密协作，通过深化交流合作来促进利益共享。中国-东盟双边加紧落实"2+7"合作框架；加快中国-东盟自贸区升级谈判成果的达成；积极推动共建"一带一路"倡议与区域国家发展战略的有机对接；建立健全中国-东盟国家计算机应急响应组织合作机制；携手共同建设中国-东盟信息港；乘"中国-东盟海洋合作年"的东风，继续推动海上合作；以成功举办建立对话关系25周年纪念峰会为契机，提升区域内相关国家整体发展水平；努力塑造发展创新、增长联动、利益融合的经贸合作格局，夯实双边共同发展的经济社会基础，形成双边认同的发展观，为中国-东盟命运共同体建设注入新动力。

（三）认同的价值观：中国-东盟命运共同体建设的精神力量

国之交在于民相亲，这充分表明具有深厚文化渊源的人文交流，可以实现东盟各国与中国的民众都普遍地接纳中国-东盟命运共同体意识及其倡导的价值观。在认同的价值观下汇集力量，形成合力，能够使中国-东盟命运共同体建设获得强大的精神支撑，这是中国-东盟命运共同体建设的要点。

中国在与东盟国家建构命运共同体的过程中，能够借助加强人文产业方面的合作，打牢命运共同体的根基，扩大命运共同体的内涵，使命运共同体的基础变得更加稳固。在以往的发展历程中，中国和东盟在教育、旅游、文化等多个领域进行了合作，取得了颇为不俗的成绩，并在中国与东盟建立对话关系25周年的时候，中国与东盟各国还举办了一系列纪念活动。为了进一步夯实中国-东盟合作关系的坚实基础，2016年，被确定为"东盟-中国教育交流年"。深入的人文交流是"亲诚惠容"外交理念的具体实践，不仅可以为深化双方合作筑牢民意基础，还能在合作中增进理解，在对话中解决分歧，形成"中国-东盟命运共同体"价值观的共同认同，夯实双边合作交流以及关系发展的共同基础。经过中国与东盟的共同努力，进一步推动双边的合作关系迈上一个新的水平，共同致力于建设一个更加紧密的"中国-东盟命运共同体"，维护地区的和平稳定，为区域内国家带来繁荣发展，将和平与繁荣的战略伙伴关系转变成为双边关系深化和发展的现实。

（四）认同的战略观：中国-东盟命运共同体的建设愿景

中国和东盟国家的关系已经步入了新的历史阶段。中国和东盟国家命运休戚与共，具有共同的发展利益。携手建设中国-东盟命运共同体是中国-东盟双方实现国家共同发展梦想、促进中国-东盟合作持久繁荣的共同目标需求。在命运共同体愿景下，中国-东盟双方建立起政治上平等互信、经济上合作共赢、文化上交流互鉴的新型战略伙伴关系，为携手建设中国-东盟命运共同体的发展开辟了更加广阔的前景。

步入21世纪以来，中国始终将东盟国家作为周边外交的优先发展对象，对"东盟共同体"建设与东盟各国的发展表示绝对支持，致力于开创中国-东盟双方合作繁荣发展的新局面；坚持与邻为善、以邻为伴的周边外交方针，坚定奉行讲信修睦、合作共赢、守望相助、心心相印的合作政策，秉持传承历史友谊、增进互利互信、推进交流合作、共谋合作发展理念，真诚对待东盟国家，与东盟国家结成好邻居、好朋友、好伙伴，使东盟国家在中国发展中获益，中国也可以从东盟国家的发展中得到机遇，实现双方盈利。对于中国而言，东盟不但是中国在国际政治领域的重要伙伴，而且是中国发展互补互济、互利共赢、经济合作的好邻居和好伙伴。中国倡导并与东盟国家携手建设中国-东盟命运共同体，需要得到东盟国家的理解、支持和协作。东盟国家在联合自强的同时，重视与中国的密切合作，需要把中国当作维护东盟共同体的重要支撑。东盟国家看重中国在国际舞台上的影响力，把中国视为平衡西方影响以及维护自身政治、经济利益的重要力量。中国和东盟关系的发展存在着非常坚实的基础。中国和东盟各个国家民众的历史遭际十分相近，需要平等地对待双方、互相表示尊重，共同面临和平与发展的历史任务，合作发展互利共赢有益于双方。在中国-东盟命运共同体建设的框架下，中国与东盟国家之间的多边合作不断深化，开创了东亚地区合作的新局面，双方关系也实现了新发展迈上了新台阶。

展望未来，中国-东盟关系正在迈向前景广阔的"钻石十年"。中国继续与东盟国家真诚相待、友好相处，不断巩固政治与战略互信；在平等互利的基础上，加大对东盟国家的开放力度；积极倡导综合安全、共同安全、合作安全的新理念，共同维护本地区和平稳定，这将为中国与东盟国家的经贸合作，以及为东亚合作和促进亚太地区和平与稳定、发展与繁荣人文交流带来更多发展机遇。中国和东盟国家在历史与文化上具有深厚的渊源，民间交往也变得越来越紧密。中国-东盟之间的关系在长期发展的基础上将变得更加深厚。只要中国与东盟国家携手建设中国-东盟命运共同体，增进政治互信，促进合作共赢，就一定能够为中国-东盟战略伙伴关系的提升做出更大的贡献。一个紧密的中国-东盟命运共同体、一个繁荣的亚洲命运共同体是世界的福音。中国将牢牢把握中国-东盟战略合作的大方向，坚定地把携手建设中国-东盟命运共同体寓于东盟共同体、东亚共同体、亚洲命运共同体、人类命运共同体的发展之中，让中国与东盟各国的广大民众携手并进、通力合作，掀开中国-东盟合作发展的新一页，共同迎来"中国-东盟"命运共同体的美好明天，为世界的发展贡献出一分力量。

第二章 理论分析：高等教育国际化的相关问题

在经济全球化进程不断加快、全球化联系越来越紧密的当下，高校作为现代社会培养人才、传播知识、进行创新实践的重要机构，必然要对全球化趋势有所回应。高等教育是当前我国较为重要的人才培养方向，而高等教育国际化有利于人类不同的文明之间的交流和融合，促进了中国文化和中华文明的传播。我国高等教育借鉴了西方发达国家国际化发展战略与先进经验，通过"送出去""引进来"的输入输出双向流动模式，大力发展中外合作办学项目，增强了文化自信与制度自信。近年来，我国与东盟国家的高等教育合作也愈加频繁。鉴于此，本章首先从理论方面分析并解读高等教育国际化的相关问题，阐述高等教育国际化所涉及的相关内容，其次对国内高等教育国际化发展的历程进行梳理，再次是学习、借鉴国外高等教育国际化成功的经验，最后对高等教育国际化发展的未来道路进行探索。

第一节 高等教育国际化概述

全球化形塑了世界高等教育形态，促进了高等教育理念以及学生、教师、专业和学校在全球的流动，构造了全球教育一体化市场。全球化使得各国高等教育相互依赖、相互交流、相互竞争，推动了世界高等教育的大众化、市场化、质量保障以及世界一流大学建设等的发展。进入 21 世纪，各国高等教育虽然发展水平不一致，但是都在全球化框架下开展大众化、市场化、质量保障及留学生教育等工作，汇入世界高等教育的潮流之中。

一、高等教育国际化的内涵

虽然，在好几个世纪之前就有许多人使用"国际化"一词了，但其直到 20 世纪 80 年代才真正在高等教育领域出现。目前，学术界对于高等教育国际化概念的认识还没有完全统一。学者们对教育国际化问题进行细致的讨论后发现，国际化核心概念的阐述仍然难以确定。简单来说，目前高等教育国际化这个概念还相当复杂且涉及诸多方面，其相关认知也是多元化的。学者们关于高等教育国际化概念具有代表性的观点如下：

（一）高等教育国际化是一个标准

日本一所大学在 1986 年时提出了有关高等教育国际化的三项衡量标准，即可接受性外国文化、不同国家民族及文化背景下的信息交换、组织的开放性。

所谓的"国际化"，就意味着国家文化被其他国家和民族承认、接受和评价。针对不同民族、国家的学者相互之间的往来、交换建立一些章程和制度，从而使其发挥应有的作用。比如说，要想完善高校在教育及国际交流方面的章程、规则和制度，就要使它满足留学生和研究学者的要求，并发挥一定的作用。"国际化"是指将不同文化的个人和组织等同于当地人。在大学里，外籍教师的资格、待遇等应与本国教师相同，对待外国留学生也应一视同仁，不分国籍。

（二）高等教育国际化是一种过程

如加拿大学者简·奈特从国家、部门、院校三个层面出发，赋予了国际文化不同的定义，即"在院校与国家层面，把国际的、跨文化的、全球的维度整合进高等教育的目的、功能或传递的过程"①。这种观点认可度比较高，并得到了联合国教科文组织的支持。

基于各方面的意见，联合国教科文组织针对高等教育国际化提出了一个新的定义，即高等教育国际化实际上是一个全面变化的过程，其中包含着自上而下的变化、自下而上的变化、学校内部政策的导向变化，同时也是跨国和跨文化的理念和氛围同大学教学、科研和社会服务的主要职能相结合的过程。

当前，高等教育国际化不仅是世界各个国家和地区高等教育发展的一

---

① 王志娟. 高等教育国际化新论 ［M］. 北京：北京工业大学出版社，2021：12.

个不可逆转的趋势，同时也是高等学校的教育教学、科研活动等与"国际的维度"相融合的过程。也就是说，基于面向世界的发展目标，一个国家要对本国的高等教育思想理论进行发展、积极参加国际化活动并同其他国家进行交流与合作。通过这样的过程教育将朝着更加国际化的方向发展。

2002年，教育研究专家阿特巴赫在美国所举办的国际高等教育大会上进行了一个名为《高等教育国际化的视角》的报告，其中指出目前高等教育的主要发展趋势是国际化，但这其实也是一种片面化的理解，需要从与之相关的各个视角对这个复杂且多层面的概念进行更加深刻的解读。

我国学者对于高等教育国际化的研究也投入了很多精力，并且已经从多个角度对这一概念进行了梳理。

我们可以将高等教育国际化的内涵从两个方面来阐述：一方面，当代高等教育已经开始在一个国家的范围内呈现出国际化的色彩。两个或两个以上不同文化背景的国家联合利用它们的资金、教师和实验设备等优势，开展科技合作研究，并为大学生、研究生的科技合作提供了机会。另一方面，高等教育是面向世界的。也就是说，高等教育要想培养具有全球和世界视野的人才，需要认清自己的发展现实，充分了解国际社会的政治、经济和文化，要能积极应对未来的挑战，具备参与国际竞争的良好应变能力。

高等教育国际化意味着高等教育以面向世界为导向，以各种各样的高等教育的活动为载体，吸取和引进世界著名大学的教育理念。其主要包含了三个层次的内容：信念系统、功能系统和运动系统①。

高等教育国际化是以国家、世界、未来为基础，在跨国界、民族与文化的大背景下，持续向前发展的过程。高等教育国际化的育人目标是养成有着开阔视野的、高素质能力的和国际竞争力的人才。为了实现高等教育国际化的培养目标，高等教育就必须面向世界，进行广泛的国际交流与合作，要吸收和借鉴国外关于高等教育国际化的成功经验，增进国际理解，同时还要对本国教育和文化的精髓进行传播。

高等教育国际化的基本意义在于适应经济、政治发展需求的前提下，令本国高等教育融入世界教育大家庭的过程，主要通过跨国界的、跨民族的和跨文化的高等教育交流、合作与竞争，在高校的教学与科研进程中融

---

① 舒志定. 高等教育国际化的内涵、特征与启示 [J]. 外国教育资料, 1998 (3)：55-59.

入跨国际与跨文化的理念，目的是完善本国的高等教育体系。换言之，高等教育国际化最需要做的就是强化国际交流与合作，将自身的教育市场与世界接轨，全面开放，充分利用并发挥出国际交流与发展的教育内容与方法及其作用，最终目的是培养具有国际意识、交流能力与竞争能力的高级人才。

我们可以从四个角度出发，对高等教育国际化的概念进行归纳：一是活动角度，即通过进行课程改革和国际交流等活动描述高等教育国际化；二是精神气质角度，强调跨文化、跨国际的观点，树立全球意识并形成国际化的精神气质和氛围；三是能力角度，即培养人们国际化的新技能；四是过程角度，即在高校的各项功能之中融入国际的角度和思想观念。

（三）高等教育国际化是一种体系

20 世纪 60 年代，美国学者提出大学国际化应该是一个由培训过程、跨国研究、国际课程内容以及跨国流动研究人员和学生构成的国际体系①。

综合来看，国内外有关高等教育国际化的研究，基本可以将其理解成一种"转化"的流行趋势与过程。这也是当前很多学者认可的观点，主要集中于三个方面：第一，在发展背景上，高等教育国际化处于跨国界、跨民族与跨文化的国际大背景下；第二，在发展方式上，高等教育国际化通过广泛的国际交流、合作与竞争，在吸收、借鉴的同时，进行传播、改造；第三，在发展目的上，高等教育国际化意味着培养具有世界眼光和国际竞争力的优秀人才，完善本国高等教育体系。总之，对高等教育国际化发展来说，它的基础首先是面向国内，其次才是面向世界的一种发展过程和趋势。

事实上，关于社会科学的概念界定是难以用极其严谨的自然科学方法给出面面俱到的解释的，再加上"高等教育国际化"实际上是一个积极宽泛的概念。因为其意义的建构，取决于研究者不同的文化背景、价值观念、表达方式和解释原则等多种因素。当时的观点也许是合理的，但如果要从全面的、发展的和辩证的角度来解释，它又必然会带有角色、时间和环境影响的痕迹。因此，我们不需要寻求明确且公认的解释，而要倾向于针对高等教育国际化，建立共同理解的根基。

根据概念来看，高等教育国际化并非在讲大学国际化，其实这是一个

---

① 王志娟. 高等教育国际化新论［M］. 北京：北京工业大学出版社，2021：13.

很宏大的概念，但同时不可否认，大学国际化是实现高等教育国际化目标的基本途径。此外，高等教育国际化还和高等教育国际交流与合作有所不同，后者只是操作层面上的，如国际交换生制度、学分互认制度、国际交流培养的一些合作项目等。高等教育国际化既是一种理念、一种思想，又是一种行动、一种过程。高等教育国际化主要包括两个行动领域：地方国际化和海外国际化。其中，地方国际化是一项战略，旨在使地方机构具有国际视野、国际经验和国际因素。例如，在课程中增加关于全球化和比较教育的研究内容，或招收留学生和学者参加教学。海外国际化是指在其他国家拓展"本土"教育、学术与人才交流计划或项目，主要包括海外校区的建立，以及学生和学者的派遣。"地方国际化"和"海外国际化"的基本策略就是"引进来"和"走出去"。

二、高等教育国际化的要素

（一）跨境高等教育

跨境高等教育指的是在全球范围内，学生、教师、课程知识（项目）与学校的流动。伴随着全球化趋势的进一步发展，跨境高等教育迅速扩大了影响力，目前世界各大国际组织、区域、国家与高等院校都在积极地加入这一发展潮流。

1. 学生流动

学生流动是整个跨境高等教育中规模最庞大、最活跃的那部分。在20世纪70年代末，全球有统计的高校留学生约为80万人，2015年增加到450万人，2017年达到500万人。国际教育和公平顾问机构预测，到2025年年底，留学生人数将增加到800万人[①]。推动全球留学生人数大幅增加的原因众多，主要有以下三个：

首先，高等教育水平还没有达到世界顶尖水平的发展中国家，无法完全满足自己国民对高水平教育的需要。而随着冷战的结束，世界各国的经济、政治与文化等因素正在以惊人的速度融合，高等教育的国际受众与国际市场也随之扩张。东、西方留学生的交流由过去的阻隔到开放，尤其是中国的出国留学生人数和来华留学生人数，两者总和占全球流动学生总人数的1/3。在一个划分为中心与边缘的世界，中心变得更加强大，边缘变

---

① 李盛兵，卢晓中. 高等教育国际化研究 [M]. 北京：科学出版社，2019：12.

得日益边际化。国际学术系统的不平等越来越明显了。全球主要的留学生接收国多为发达国家，包括美国、英国、澳大利亚、德国、法国、加拿大等。当然，随着中国的发展，中国也进入主要留学生接收国行列。

其次是国际教育的产业化。在世界贸易组织（world trade organization, WTO）的推动下，伴随着高等教育商业化，市场的价值准则渗透到了校园。各种类型的教育产品从一国出口到另一国。教育尤其是国际教育，成为一个重要的产业。国际教育产业化及其所带来的巨额外汇收入，也推动了澳大利亚、美国、英国、加拿大、新西兰等教育发达国家把教育作为其出口战略产业，从而进一步加速了学生的全球流动。

最后，培养学生全球化能力的需要也推动着跨境高等教育的发展。基于全球化背景，各国经济、政治、文化与科技教育等的联系比以往紧密了许多，而继续为这些领域输送人才服务的教育也就需要拥抱全球化，培养出有着全球化视野的、包容开放的以及拥有国际知识技能的高质量人才。简单来说，在社会市场竞争越来越激烈的时候，这样的人才更容易脱颖而出，从而更好地为国家、企业和机构服务。对这种全球能力的需要，促进了国家、学校和个人对学生国际流动的重视。基于上述理由，各国各民族地区都相继出台了跨境高等教育发展计划，如欧盟出台了"伊拉斯谟世界计划"（欧洲区域大学生流动行动计划）、美国出台了"十万强计划"等。正如经济合作与发展组织所观察的那样，一些国家把教育国际化视作国家能力建设战略的组成部分，全球学生流动因此将会发生一些方向性变化。例如，新兴经济体中国和印度，会把长期留学改成如欧盟成员国一样的短期留学，使本国成为高等教育"出口者"。

2. 教师流动

高等教育的国际化离不开教师的参与和帮助。中世纪时大学的雏形诞生，那时教师的流动就有一定的国际化性质了。全球化背景下，伴随着世界各国门户开放，交通科技的进步、国际教育的进行以及国际学术交流的广泛展开，教师在国际上的流动也变得更加频繁。虽然还不知道全球范围内教师流动的确切数据，但是可以肯定，教师国际流动的数量在不断增加。

在我国，高等教育国际化也体现在教师国际化方面。我国高校教师的国际化，除了为全球高校教师流动做出巨大贡献（特别是美国和日本）外，在引进海外高水平教师上也做了前所未有的努力。中央政府制定了一系列政策、措施，吸引海外高层次人才来我国高校工作。

3. 项目流动与学校流动

项目流动指的是专业的流动，如澳大利亚称其为"海外专业"，我国称其为"中外合作办学项目"。具体而言，其是指一所高校与位于另一个国家的高校或相关机构合作创办一个学科专业，双方提供各自都满意的课程，并授予专业学生双方的联合学位。学校流动是指一国高校在另一个国家设立海外分校，在中国称为"中外合作办学机构"。就两者比较而言，项目流动要比学校流动更加便利，属于轻资产流动，因此全球项目流动的数量要比学校流动的数量多很多。

（二）学术研究的国际合作

受到全球化趋势的影响，国际上的各类学术合作、学术竞争也出现了白热化的趋势。学术研究国际合作主要涉及的内容有国际课题的申请、国际研究中心的成立、国际学术会议的举办以及跨国合作发表论文等。学术研究的国际合作，一方面可以通过国际合作研究解决世界性科学难题，另一方面有利于发展中国家的科学家在国际合作中成长。在泰晤士高等教育世界大学排名中，国际合作发表论文是其中一个指标，占比为 2.5%，从而把学术研究的国际合作提升到了一个非常重要的地位。

除此之外，近年来，我国也越来越重视建设国际合作联合实验室或实验中心，以此来推动学术研究的国际化发展。2014 年，教育部印发了《国际合作联合实验室计划》的通知，决定依托高等院校整合提升并建设认定一批国际合作联合实验室。2016 年 1 月，教育部发布最新一批国际合作联合实验室立项名单，立项建设 17 个国际合作联合实验室。

当然，发展中国家甚至是小型发达国家大学教师开展研究的国际化合作还存在着语言和文化上的障碍。例如，非英语国家的大学开展国际研究合作的最大障碍就是语言和文化。

（三）大学治理模式的全球趋同

高等教育全球化的一大特征就是全球各国大学治理模式的趋同，其中又以高等教育自主机制与质量保障机制最为明显。全球研究资助的一种发展趋势就是竞争性科研项目资助，如中、美、英、法等国家都是如此发展的。美国大学的科研经费主要来源于联邦政府的竞争性科研项目资助。联邦政府的健康与人类服务部、美国国家科学基金会、美国国防部、美国能源部、国家航空航天局和美国农业部六大部门为大学科研提供的经费占了联邦政府所有部门给大学科研经费总额的 90% 以上，而美国联邦政府所拨出的科研经费中的八成都分配给了有"巨型大学"之称的 100 所研究型大学。英国则是以大学科研质量评估为基础的科研条件拨款和科研项目资助相结合的双元资助体系而著称。科研条件拨款以大学科研质量评估公式中的主要依据——学科成本、学科规模和学科水平等来计算。学科水平达到前三的等级才有资格接受拨款，前三的权重系数分别是 1.88、1.5 和 1.1。这样的科研条件拨款主要被分配给了大学内部科研基础设施的建设、公用基础科研平台的建设、房屋及科研设备采购和人员聘用等。英国的科研项目资助主要是通过七大专业性研究理事会及艺术与人文学科研究理事会实施，采取以同行评议为基础的竞争性资助模式。以上所说的专业性研究理事会资助的项目经费的 50% 都被用于大学系统建设，剩下的部分则会流向这类专业性研究理事会的科研机构及相关机构。

高等教育的质量保障（quality assurance，QA）受到世界各国政府的重视，大量的校外质量保障机构纷纷建立，并且评估方法也趋于一致。总体来说，亚洲高等教育质量保障机构倾向于评估方法，而西方机构则青睐审核方法，未来的趋势是这两种方法走向融合。

站在区域的角度上看，欧盟建立了欧洲高等教育质量保障协会和认证论坛、中欧和东欧高等教育质量保障联盟等，非洲建立了非洲高等教育质量保障联盟与东非高等教育质量保障联盟，亚洲建立了亚太地区质量保障联盟、东盟质量保障联盟、加勒比地区高等教育质量保障联盟等。

站在不同国家的角度上看，世界上大部分国家已经建成了高等教育质量保障机构，如中国的教育部组建了高等教育教学评估中心、澳大利亚政府组建了高等教育质量与标准署、英国政府组建的高等教育质量保障署和美国六大区域共上百个高等教育认证机构等。同时，伦敦还已经组建了国际高等教育质量保障联盟，作为一个业务范围涉及全世界的高等教育质量保障理论研究与实践的组织，其中的大部分成员是各类高等教育质量保障机构。

当前，随着高等教育质量保障活动在全球范围内开始施行，教育界也初步达成了共识：教育质量保障的主体在高等教育机构。教育质量保障的需求应与高等教育体系、教育机构和学生的多样化保持一致；教育质量保障的预期应满足学生、教育机构董事会和社会的一致需求；教育质量保障应支持质量文化的发展和延续。在内部教育质量控制上，更加注重"以学生为中心"、能力教育和灵活学习的模式；在外部教育评估方面，注重实用性、程序性教育评价流程，增加相同领域专家、学生组织的评价比重，强化教育评估机构的独立性。

（四）高等教育大众化

近年来，高等教育大众化开始由发达国家向其他国家传播。高等教育大众化进程最早发端于美国。20世纪前30年，美国高等教育毛入学率从2%上升到7%，经过全球经济危机和第二次世界大战后，1949年发展到了15%，进入大众化阶段，随后在20世纪70年代后开始了普及与推广。据统计，2015年全球高等教育的平均入学率为36%，若单看欧美，则已经超过了76%，拉丁美洲和东亚超过平均水平，阿拉伯国家、中亚、南亚和西亚低于平均水平，撒哈拉以南的非洲地区则离全球平均水平甚远①。

受到大众化思潮的影响，国内高等教育从1999年起就在不断扩招，推动了高等教育高速发展，逐步进入高等教育的普及化阶段。当然，我国高等教育在高速大众化的过程中还出现了教育转型不足、质量下降、就业困难等问题，需要放慢扩招的步伐，尽快消化过度发展所带来的问题。

（五）高等教育市场化

高等教育受全球化影响较深的一点还在于其商业模式的壮大与传播。20世纪80年代，受到过度膨胀的社会福利主义、经济衰退、政府财政赤字过大等影响，撒切尔主义诞生了。撒切尔主义一经诞生就受到了西欧各国政府的追捧。在这样一种背景下，私有化与市场化的概念逐渐渗透到了诸多公共事业领域里，如公共交通、医疗健康、社会福利与安全、教育等。市场化就是引入市场机制，使高等教育具有市场性。1997年，经济合作与发展组织给高等教育市场化下了一个定义，即"把市场机制引入高等教育中，使高等教育运营至少具有如下一个显著的市场特征：竞争、选择、价格、分散决策、金钱刺激等。它排除绝对的传统公有化和绝对的私有化"②。高等教育市场化有两个突出的表现：一是收取学费；二是发展私立高等教育。

减少政府投入并实行高等教育收费制度，是许多国家的一种选择。20世纪80年代起，英国就已经将高等教育逐渐从免费模式转化为收费模式，虽然本国的学生需要缴纳的费用并不高，但是外国留学生却要缴纳高

---

① 李盛兵，卢晓中. 高等教育国际化研究 [M]. 北京：科学出版社，2019：12.
② 李盛兵. 高等教育市场化：欧洲观点 [J]. 高等教育研究，2000（4）：108-111.

额的费用。从 20 世纪 90 年代开始，我国的高等教育也从免费形式变成了收费形式。2014 年起，国内研究生教育也全面开始收费。不过，不同的是，我国的公办高等教育学费并不算高，且质量也比收费更高的民办高等教育好。

总之，在全球高等教育发展的过程中，私立高等教育是极为重要的，也是推动高等教育国际化发展的动力。

（六）世界一流大学排名与建设

目前，大学的世界排名与建设早已经成为一个全球性的话题与活动，各国家和地区的大学都被纳入了这一潮流中。目前，全球有四大权威世界大学排名，即软科世界大学学术排名、泰晤士高等教育世界大学排名、QS世界大学排名和 U. S. News 世界大学排名。软科世界大学学术排名始于上海交通大学，它于 2003 年在网上发布的"世界大学学术排名"成为第一个世界大学排名，从 2009 年起，又转变为由上海软科教育信息咨询有限公司发布并保留相关权利。2004 年，《泰晤士高等教育》与 Quacquarelli Symonds 合作发布世界大学排名，即"泰晤士高等教育-QS 世界大学排名"，后快速变成了最具有全球影响力的大学排名。2009 年，两者一分为二，变成了两个独立的世界大学排名。2014 年，《美国新闻与世界报道》（*U. S. News & World Report*）又首次发布"U. S. News 世界大学排名"，成为世界大学排名中的一个新贵。

毋庸置疑的是，上述这些世界大学排名对于全球一流大学的建设起到了积极有效的作用，并且对各国教育部长与研究型大学校长的教育决策与战略手段有着深刻的影响。我国在"985 工程"的基础上又发起了"双一流"建设，争取在 21 世纪中叶建成一批世界一流大学和学科。2016 年，印度提出计划，要在未来 10 年内将约 20 所大学建设成为"世界一流大学"，作为该国高等教育改革的一部分，共 100 所顶级高校竞相争取进入"卓越机构"的行列；日本相继提出了"21 世纪 COE 计划"和"全球COE 计划"；韩国也相继启动了"21 世纪智慧韩国工程"和"21 世纪智慧韩国工程后续工程"；俄罗斯推出"5-100 计划"，重点建设 21 所大学，争取在 2020 年至少有 5 所俄罗斯高校跻身国际知名高校排行榜的前 100 强行列。

（七）世界知识体系

如果站在层次的角度来看，知识体系可以划分为世界知识体系和国家知识体系两种。其中，世界知识体系指的是知识生产与传播所具备的世界性与国际性；国家知识体系指的是知识生产与传播所具备的地域性与民族性。

中心-边缘理论指出，世界知识体系包含中心与边缘。目前，只有一小部分西方发达国家的大学居于中心，而世界其他大学则位于边缘，其中也包括了一些小型发达国家的大学。过去，是欧美主要国家的大学与精英学者处于世界知识体系的中心位置，为人类生产主要知识，而那些发达国家的学者身份则是知识的消费者。发展中国家和一些中等发达国家的学者如韩国主要在国内发表论文，知识的生产和传播主要发生在国内。当然，中国和印度也有越来越多的学者在国际刊物发表论文，对世界知识的生产做出了更多的贡献。

世界知识生产也在往去中心化的方向发展。世界知识传播系统仍然被世界上最主要的学术刊物——西方的刊物所统治。过去，西方学者控制着世界优秀学术期刊，出版着影响世界学术的书籍，把持着各学科国际学会和学术会议的领导位置，英语成为世界学术交流的主要语言。这种西方中心主义的知识传播系统，使得发展中国家的学者进入世界学术网络比较困难，从而造成了世界学术的不平等现象。

第二节　我国高等教育国际化的发展历史

我国教育的国际化发展其实早在古代就开始了，汉唐时期就已经有了与国外的教育交流，不过直到鸦片战争以后，才出现真正意义上的高等教育国际化。回顾近代以来一百多年的高等教育发展历程可以看到，我国高等教育国际化的发展之路具有鲜明的政治特征，走过了一条曲折的道路。本节将针对我国高等教育国际化的发展历程展开详细的论述。

一、我国古代高等教育国际化的发展

虽然中国真正的高等教育体系是在鸦片战争以后才出现的，但是中国古代就已经和国外有了不少思想文化上的国际交流。中国教育的对外交流在唐代达到了历史的巅峰。唐朝时期，我国政治稳定、经济繁荣、教育更是高度发达，是雄踞在东方世界的大帝国，先进的交通以及开放的对外政

策更是推动了中国与世界的交流。日本、朝鲜、新罗等国纷纷与我国建立起外交联系并互派使节，唐文化辐射到周边各国。仅公元630年至900年，日本与大食国（阿拉伯帝国）先后派遣旅唐使节达50多次；盛唐时期，来华的日本留学生人数急剧增多，其中可考姓名的就有120多人；而在公元840年，新罗从唐朝回国的留学生即达150名。

像上述这种以使节形式交流文化思想与宗教艺术的跨国教育流动，可说是中国教育国际化的雏形。后来虽然偶尔有着"郑和下西洋"式的对外交流，但总体来看，随着西方资本主义的萌芽与发展，中国封建制度开始走向衰落，而统治者也开始了"闭关锁国"的对外政策，中外教育文化交流基本被斩断。

二、晚清时期我国高等教育国际化的发展

鸦片战争后，中国开始了受帝国主义列强压迫的近代史，在列强的侵略下，中国沦为了半殖民地半封建社会，清王朝的统治也变得极不稳定。在这种情形下，越来越多有识之士认识到要应对这种内忧外患的局面，需要变法图强，学习西方先进的思想、技术。为此，清政府先后实施了"洋务运动"与"新政"两次改革。该改革是迫于内外压力下的自主改良运动，其主旨依然是"中学为体，西学为用"的思想。在高等教育国际化上的表现也自然是以派遣留学生到海外学习先进技术，以及学习模仿西方的教育制度并初步建立我国近代的高等教育体系。

1861年，清政府中主张学习西式技术的一派兴起了"师夷长技以制夷"的洋务运动，这场轰轰烈烈的洋务运动使得清政府从1872年到1875年，每年都向外派遣约30名学童赴美，学习欧美先进技术。但由于国内科举制度等改革的滞后，使得这一计划在1881年提前终止。

1895年，甲午战争中国战败，宣告了学习西方技术救国为核心思想的洋务运动的失败。在内外的巨大压力下，1901年，清政府开始施行"新政"，拉开了教育制度改革的序幕。1901年9月，清政府颁布"兴学诏书"，要求各省书院改为大学堂，各省城均设大学堂，各州县均设小学堂。

1904年1月，清政府颁布并随后实施了"奏定学堂章程"，史称"癸卯学制"，这标志着近代高等教育制度的初步建立。其把学校教育分为初等、中等、高等三个互相独立而又衔接的体系；第一次明确地规定了大学堂的立学宗旨、培养目标、入学资格、学习年限、课程设置以及与各级学堂之间的统属衔接关系，同时还包括大学堂教员任用、大学堂管理、校舍建筑、仪器设备、考试及奖励方面的详细规定。

1905年，清政府废除了延续千年的科举制度，为近代高等教育的发展扫除了一大障碍。同时，又因为"新政"的需求，清政府再次开始派遣留学生外出学习，这次的主要留学目的地是日本，同时也有一部分去了英国、法国、奥地利等欧洲国家。1906年，中国留日学生达到12 000人，而到1911年，赴日本的中国留学生总计高达38 307人，赴欧美留学人数也有较大增长，还有大量难以确切统计的自费留学生①。随着帝国主义的膨胀以及对我国的侵略加深，列强也加大了文化侵略的力度，许多教会学校因此在中国境内开办起来。辛亥革命前后就有许多教会学校落成。此外，"新政"还推动了许多学校开始重视外语，不少学校专门聘请了外国人作为教师。

三、民国时期我国高等教育国际化的发展

1912年，辛亥革命宣告了我国延续数千年的封建统治的终结，也代表了清政府改良运动的失败。在后续开始的新文化运动中，"中体西用"的思想逐步被"古为今用，洋为中用"的思想所代替。在借鉴中创新、明辨择善成为教育界中的主导思想。学习西方先进教育机制、积极思想的引进、留学生的派遣、高等教育体制的发展完善、广泛的教育国际交流以及对教育主权的回收成为这一时期高等教育发展的主要特征。

同时，在辛亥革命成功后，大量西方的优秀书籍被翻译成中文引入我国，一些当时著名的西方学者也受邀前来讲学，使得西方的各种思想在国内进一步传播开来。1912年，由京师大学堂改名而来的北京大学在当时的中国成为思想文化传播的中心地，而这要归功于1917年时任校长蔡元培先生。他确立了兼收并蓄的办学宗旨，北京大学成为国际学术交流的中心、新文化运动的中心及我国传播西方先进思想和马克思列宁主义的主要阵地。

1919年，受国内学者的邀请，教育专家杜威一行人来到中国开展学术演讲，推动了当时教育界、思想界的解放运动。杜威在中国待了两年，共举办了两百多次演讲，轰动了整个中国学界。他的一系列活动推动了中国

---

① 元青.晚清国人诸群体的中学西传活动研究［M］.天津：天津人民出版社，2021：41.

高等教育界的改革，纷纷开始学习并效仿杜威的进步主义教育思想。杜威之后，又有许多教育学家如孟禄、麦柯尔等人来华讲学，推动了中国高等教育对外学术交流的发展。

民国时期，各地纷纷成立了高等学府，清华大学、南开大学等都是在那时成立的，这进一步完善了中国高等教育的机制。同时，晚清时期建立的那些教会大学，则因为民族情绪的不满，转而接受了国民政府的管辖，中国政府基本收回了高等教育办学权。此外，我国的大学也在各方面得到了迅速的发展。1922 年的"壬戌学制"改革确立了新的办学理念与大学治理结构，大学的学科设置、教学内容与教学方法在二十世纪二三十年代也得到了完善。在学习、吸收与自主创新下，近代中国高等教育体系基本上被建构起来。

留学生的派遣与回国，对当时高等教育体制的影响也不容忽视。1909 年开始的庚款留美计划，至 1930 年年底，中国共派出了 1 825 人留美，同期自费留学的人数更多，在此期间赴美进入大学、学院的中国留学生达 5 362 人；1925 年前归国的庚款留美学生[①]中，取得学士、硕士、博士学位者占 86%，以后归国者取得学位的人更多[②]。留美学生回国后，大多进入高等院校从事教学活动或者担任教育行政工作，成为大学师资的主要来源。

四、20 世纪 50—80 年代我国高等教育国际化的发展

1949 年，新中国成立，结束了自鸦片战争以来长达百年的战乱。但由于意识形态问题，当时国家面临着西方资本主义国家的封锁。基于这样的背景，我国开始走向一条以苏联为导师的道路，高等教育也全面引进了苏联模式。我国在新中国初期的高等教育国际化发展历程也反映出了当时的国际政治特征，即国际教育交流合作都比较单一。

1949 年 12 月，在全国第一次教育工作会议上，教育改革的方针被提出，要求以老解放区的教育经验为基础，汲取旧有经验，借助苏联的帮助，建立新民主主义教育。为此，我国还在当时和苏联等社会主义阵营的国家签订了文化合作协约，相互之间派遣教育代表团访问，各国高校之间

---

① 在中国"庚子赔款"后，美国、英国、法国、荷兰等国相继与中国订立协定，退不超过实际损失的赔款。退还款项除了偿付债务外，其余悉数用在了教育上。中国每年向上述国家输送相应的留学生，庚款留学生由此产生。

② 白毅. 中国古代教育史概要 [M]. 西安：西安交通大学出版社，2018：153.

也展开了积极的访问。1950年9月，我国政府首次派遣留学生赴波兰、捷克斯洛伐克、罗马尼亚、保加利亚、匈牙利五国学习语言、地理和历史。在留学生招收上，自1950年11月波兰、捷克斯洛伐克、罗马尼亚、保加利亚、匈牙利五国留学生进入清华大学学习开始，到1978年改革开放期间，我国累计接受培养了12 800余名留学生①，几乎全部由我国政府提供奖学金。虽然当时我国接受留学生的规模、国别都十分有限，但大部分都成长为与我国开展友好工作的骨干力量。

根据国家建设需要，为更好地学习苏联模式，我国进行了高等教育改革调整。在苏联专家指导下，1952年我国高校进行大规模的以"培养工业建设人才和师资为重点，发展专门学院，整顿和加强综合性大学"为指导方针的院系调整。到1953年年底，我国终于初步完成了高等教育体制和格局的改造，建立了新的以苏联为模式的高等教育体制。

五、改革开放初期我国高等教育国际化的发展

1978年，党的十一届三中全会提出把党和国家的工作重心转移到经济建设上来，而在经历了多年的封闭与停滞后，中国高等教育也拉开了体制改革的序幕。中国在1977年高考制度恢复后，于1978年12月派出首批赴美访问学者。

1979年1月，中国代表团先后访问了美国、加拿大和日本，邓小平同志还在访美期间专门接见了当时在美国留学的学生，并且与美方签订了互派留学生的协议。邓小平同志高瞻远瞩地指出了中国教育应面向现代化，面向世界，面向未来。

1985年发布的《中共中央关于教育体制改革的决定》明确指出，"要通过各种可能的途径，加强对外交流，使我们的教育事业建立在当代世界文明的成果之上；改革高等教育结构，改变科类比例不合理及专科、本科比例不合理状况；改变专业过于狭窄的状况，改革教学内容、教学方法、教学制度，提高教学质量"。此时，国内高等教育的改革从原本的完全向苏联等社会主义国家学习变成了参考欧美发达国家的高等教育方式，学习其成功经验，同时也正式开始了引进欧美高等教育的机制、教材，以及与欧美国家互相派遣留学生的发展过程。

---

① 付红，聂明华，徐田柏. 中国高等教育国际化的风险及对策研究［M］. 北京：人民出版社，2015：57.

1979 年 2 月，教育部、外交部、财政部发布的《关于加强外国教材引进工作的规定和暂行办法》指出，要尽快编写并出版代表着国内外科技先进水平的社会主义新教材。

1981 年 1 月，国务院批转教育部等七部门《关于自费出国留学的请示》指出，自费出国留学是培养人才的一条渠道，并对自费出国留学人员的条件、审批、费用、待遇、政治思想工作和管理教育工作等作出了具体规定。

1984 年，国务院出台了《国务院关于自费出国留学的暂行规定》，1985 年又取消了自费出国留学资格审核，并提出"支持留学，鼓励回国，来去自由"的出国留学方针。

改革开放之后，我国高等教育与国外的交流日益增多。这一时期，我国的高等教育还处于学习借鉴欧美国家先进经验与机制的阶段，在高等教育国际化方面则基本停留在派遣留学生与招收国际学生上。虽然 1981 年国家对出国留学的政策开始转变，同时托福考试引入了中国，但是由于信息不对称、手续烦琐复杂、经济原因等方面因素，真正能自费出去的人还是凤毛麟角。而在国际学生招收上，由于要通过层层审批管理，所以在规模、范围以及专业领域都很有限，发展比较缓慢。

六、20 世纪 90 年代以来我国高等教育国际化的发展

20 世纪 90 年代后至今，随着我国社会主义市场经济的快速发展，为了能与经济发展格局相适应，我国的高等教育改革也轰轰烈烈地展开了。《中华人民共和国高等教育法》《面向 21 世纪教育振兴行动计划》《中共中央 国务院关于深化教育改革全面推进素质教育的决定》等政策法规的发布，为我国高等教育从精英教育向大众教育的改革定下了基调。

1992 年 8 月，原国家教育委员会发出了《关于国家教委直属高校深化改革，扩大办学自主权的若干意见》，文件中指出，要继续深化高校改革，下放更多办学自主权给高校；努力建设重点高校的"双一流"工程项目。一批高水平的大学在这一背景下诞生，并且迫切地希望与国际社会接轨。因此，它们在英语教学、跨国学术交流、国际学生招收以及中外合作办学等方面进行了大范围的改革与努力。随着重点高校努力追求卓越与高等教育机构多元化的高速发展，国际化也从精英大学向地方高校与民办高校拓展。

20 世纪 90 年代以来，中国经济与世界经济一体化进程的加快、发达国家教育政策的转变、我国教育体制的改革、高校追求卓越的努力以及政府政策的支持，不仅加速了我国高等教育体制的转变，还使我国高等教育在学生与教师的国际交流、课程及研究的国际化发展、国际合作与交流等多方面得到飞速的发展，并取得了举世瞩目的成就。

改革开放之初，我国高等教育国际化还处在探索的道路上，由于存在各种限制，各方面政策还在慢慢地摸索和调整中，因此当时的高等教育国际化虽然有一定发展，但是整体的规模并不算大，发展的速度也较慢。20 世纪 90 年代后，伴随着大量支持性政策法规的落地，高等教育体制开始进一步改革，国内高等教育国际化水平开始飞速上涨，不仅在师生国际交流、课程设置上取得了进展，在跨国的学术交流、合作办学等方面也实现了质的飞跃。

第三节　国外高等教育国际化的经验分析

本节将以美国、英国和日本三个发达国家为例，分析它们在高等教育国际化发展方面采取的策略，以及对我国高等教育国际化的启示，"他山之石，可以攻玉"，以期对我国高等教育国际化发展提供一定的参考和借鉴。

一、美国高等教育国际化的经验与启示

美国在推进高等教育国际化的过程中，形成了规范的制度、完善的评价体系和健全的服务体系，其高等教育一直保持世界领先地位和显著优势。

（一）美国高等教育国际化的策略

1. 围绕五个国际化精心打造高等教育国际化体系

美国教育理事会针对美国高等教育的发展情况，提出了将国际化意识、市场需求、政府和社会的支持力度、课程设置的国际性、学生外语水平、学生与教师的留学情况、留学生数量与规格、教育交流活动八个方面作为衡量美国高等教育国际化水平的指标。

在实际发展中，美国以大学治理的国际化、学生的国际化、教师的国

际化、课程的国际化和科研的国际化五大方面为中心进行建设，有效地提高了美国高等教育的国际竞争力。美国高校积极参与国际教育，建立治理体系、互派师生、建设课程、夯实科研合作，稳步提升国际化水平，其教育水平稳居全球高等教育之首。

第一，大学治理的国际化。美国大学治理体系对于其国际化行为有着明显的规范作用。在美国的诸多高校中，国际化逐渐成为集中化、行政化行为。它们纷纷成立相应的机构，如国际化工作委员会和国际化办公室，为国际化的实施制订国际化规划、完善国际化程序并分配国际化的人力资源。美国大学的国际化在整套规范机制的指导下开展工作，有效地保障了国际化发展的规范性和可持续性。根据时间的长短不同，美国高校国际化工作委员会有常务委员会和特设委员会的区别。而国际化办公室的工作则在国际化工作委员会的指导下开展，主要负责留学生的招揽与管理，制定、实施学生的跨国交流项目，争取多方资助，辅助项目开展等。常务委员会负责制定初始目标和阶段目标，监督国际化规划的执行情况。特设委员会负责评估大学内部国际化的现状，根据评估结果提出完善的建议，为学校未来的国际化战略提供参考。

第二，学生的国际化。高等教育国际化最为常见的策略是学生群体的国际化以及促进学生群体的流动。交流正是美国高等教育存在并发展的基石，也是其壮大的动力，而留学生在学生总数中所占的比例能直接反映出该大学的国际化水平与程度。为了刺激入境流动性，美国48%的大学制订了学校或学院层面的留学生招生计划，80%以上的计划对本科生或研究生开放。根据美国国际教育协会发布的2019年的《门户开放报告》，2018—2019年，美国留学生人数创历史新高，达到110万人次，比上一学年高出0.05个百分点，连续4年超过100万人次，比10年前增加42万人次，留学生占美国高等教育总人口的5.5%。美国各领域都很关注留学生群体，因为其不仅能优化校园结构，更重要的是还能为美国带来巨大的经济利益。在美国商务部的统计中我们能看到，仅一年，留学生就能为美国经济贡献四百多亿美元①。美国高校在吸引外国留学生的同时，也积极选派了本国学生出国深造，这也是其高等教育国际化的一个重要表现。美国政府借助多种措施鼓励学生参加交换项目，最常见的是参加就可以获得高额的

---

① 李大鹏，刘晓远."一带一路"倡议下我国西部地区高等教育国际化研究 [M]. 成都：西南财经大学出版社，2022：41.

学分。目前，欧洲国家仍然是美国学生留学的第一目的地，大部分人会选择前往英国、法国、德国等西欧发达国家。专业选择的多样性以及留学目的国的整体发展水平决定了留学人员的国际化视野，通过参加各种类型的留学项目，相关人员可以学习世界前沿知识，扩展知识结构，提升跨文化交际能力，进而促进本国经济、科技、教育等领域的全方位发展。

第三，教师的国际化。教师的国际化可以从两个方面来看：一是教师队伍的国际化水平，这往往是由国际教师的百分比和国际访问学者的人数决定；二是教师的国际视野，其与课程紧密相关，因为教师的视野决定了教学实践的国际化程度。国际视野包括的内容比较多，如了解其他国家的文化、接纳不同的世界观、对自己国家的文化具有批判鉴赏能力、了解不同国家和地区的学科及专业结构、了解学科领域的内部劳动力市场、能够通过教学手段增强学生的学习体验等。美国的教师还要面对全球最多元化的移民群体，所以教师的跨文化能力显得十分重要。此外，对于大学的发展，国际教师的经验与服务水平非常重要。美国政府和高校通过资金支持促使美国教师赴外国进修，学习最前沿的技能和知识；同时，大力引进国际知名专家学者到美国任教，通过多年的努力，提高了国际教师尤其是高级国际教师的占比。国际教师在通过了教学实践、课程设置、科学研究后，逐步地提高了所在学校的国际化水平，引领其国际化发展。

第四，课程的国际化。美国教育委员会致力于了解高等教育国际化发展的现状，并确定其未来发展的重点。每隔五年，美国教育委员会就会对全国的高等教育机构开展一次全方位的调查，并制作《蓝图调查》，这份报告能够清晰地显示出美国各高校国际化状况的最新情况。根据相关数据，60%具有本科学位授予权的美国大学正在积极推进本科课程的国际化。除此之外，美国高校还致力于开展国际合作学位项目，借助这一项目增强教育的流动性，深化与外国合作单位的关系，提高本校师生的国际竞争力。美国许多大学提供联合学位课程，或者正在开发此类项目或是非学位证书项目。在国际化本科专业培养方面，在商科领域设置了国际化专业或学位的美国大学占比最高，然后是教育和人文领域，处于较低水平的是社会科学、物理和自然科学领域。同时，美国那些顶级的大学还很重视学生的国际化受教育经历，甚至将国际化经历纳入毕业考核中。例如，美国加州大学圣地亚哥分校的教育科学与领导学院就曾经规定，全体参与了高级学位课程的学生都应当参与到"I"（国际）课程，或以其他方式完成国际化的要求，以使其毕业时具备以下四种能力：一是具有理解他国文化的能力；二是具有欣赏不同国家文化异同的能力；三是具有思考他国文化机遇和挑战的能力；四是具有了解文化多样性的教育内涵和全球化影响的能力。

第五，科研的国际化。研究型大学是美国乃至世界的一流大学，是科研创新和科技发明的所在地，不断推动着美国经济和社会的发展。这些世界一流大学都将国际化纳入其发展的战略愿景，有些大学甚至上升到学校发展战略层面。这些学校通过顶层设计，采取多种形式的合作，如共建国际合作平台、进行国际科研合作、进行国际联合申报项目等，最终促进科研的国际化。根据《蓝图调查》，2017—2019 年，美国有博士授位点的院校的国际科研合作较为突出，占比达 34%；专业院校的国际科研合作占比达 11%；专科院校的国际科研合作占比仅为 1%[①]。从中也能看出，有着博士层次办学水平的院校更为重视国际科研合作，同时这些国际科研合作还会反过来对高等教育机构起作用，提高其办学水平与办学层次。美国联邦政府还在这些国际科研合作中发挥着重要的作用。20 世纪 50 年代以来，美国联邦政府就投入了大量精力和资金推动学者的跨国流动，大力鼓励他们进行国际合作研究。

2. 构建三级机制保障高等教育国际化的发展

美国构建了政府、高等教育机构和教育协会/基金会的三级机制来保障本国高等教育国际化的持续发展，其中联邦政府为国际化把控方向并提供相应的资金支持，高等教育机构主要执行国际化的策略，而教育协会/基金会则主要进行宣传并提供辅助的资金支持。

美国政府推动高等教育国际化发展的主要手段有三种：一是立法。美国国会提出并通过法案，制定政策目标，颁布实施计划，明确政府的资金支持。二是执行计划。总统制定目标并制订计划，高等教育机构执行计划。三是实现目标。高等教育机构制定出详细的国际化发展政策，履行其国际化使命，尽可能地实现国际化的战略发展目标。国会法案规范政策和项目计划要求高等教育机构在政府指导下确定行动方案。高等教育机构制订国际化行动方案和年度预算，提交总统和国会批准，后者根据当前执行情况和未来发展方向审查高等教育机构的预算，确定年度国际化活动的重

---

① 李大鹏，刘晓远."一带一路"倡议下我国西部地区高等教育国际化研究 [M]. 成都：西南财经大学出版社，2022：42.

点支持范围和重点支持项目。美国联邦政府年均可拨付约 400 亿美元支持高等教育机构开展研发工作，该费用约占联邦研发总预算的 1/3。

此外，美国教育协会对师生流动、科研合作以及其他跨境活动还展开了统筹协调。国际教育工作者协会、美国国际教育协会和美国教育委员会是美国国际教育的核心服务机构，为美国当代的高等教育体系提供了全面而有效的服务，一直在推动其高等教育的国际化。美国一流大学大多将国际化作为战略任务和重要使命。

（二）美国高等教育国际化对我国的启示

1. 构建完善的相关高等教育国际化的行政组织

成立国际化工作委员会有助于构建完善的高等教育国际化行政组织，其需要做的是协调安排学校的国际化任务，基于本校的特色，制订合适的国际化工作计划，定时召开国际化工作会议，并根据计划有条不紊地完成重点工作。高等院校的国际化办公室职能可以多元化，除了作为行政部门统筹学院（部门）开展常规工作之外，还应肩负起学校国际化的科研职能，联合教务处、发展规划处、研究生院等部门定期采集国际化数据，收集学校开展国际化的进度、成果和不足，以报告的形式正式提交校长办公会审议，以科研成果指导国际化工作科学、有序、规范地开展。

在高等院校中建立健全全球事务中心，发挥其统筹功能，组织安排教师的境外培训活动，提高教师的国际化水平，同时与国外访问学者进行科研合作、联合申报国际合作项目，开拓国际合作项目。此外，可以设立毕业生助理岗位，协助国际化工作委员会进行管理和评估，这不仅有利于提升国际化工作委员会的工作效率，还能为高校毕业生提供有关高等教育行政、国际化教育的工作锻炼机会。

2. 注重高校国际化战略和国际化品牌建设

国际化战略是当下及未来高等院校发展战略的重要组成部分。纵观中外一流大学，国际化不仅是提升我国大学核心竞争力、创建世界一流大学的重要手段，也是我国大学提升自身实力和影响力的有效路径。当前是我国建设世界一流大学的关键期，需要借助国际化战略，将注重规模的办学思路转变为注重质量的办学思路，通过引入、筛选、借用国外优秀的教育资源，全力打造一批高标准、有示范作用的机构和项目。重点高校尤其是"新建高校"应该从源头提升国际化战略地位，强化国际化战略，并将其纳入学校的整体规划。

3. 扩大全球合作伙伴范围，加强科研合作

站在美国高等教育国际化发展的角度来看，其对于国际合作伙伴的长期追寻给我国的高等教育提供了一定的借鉴与启发。一个国家的高等教育机构需要从战略需求的角度出发，基于互相帮助、取长补短的准则，结交更多的全球合作伙伴，构建不同类型和不同层次的战略合作伙伴关系，不断实现高等教育国际化进程中的多元化合作目标。在一国的高等教育机构中，高等院校扮演着重要的角色，在高等院校的国际化战略中就应该规划全球的合作计划，在合作计划中应包括专门的科研合作计划，倡导协同利益，实现关系对等。高等院校应重点建设国际合作联合实验室（研究中心）和国家高等院校学科创新引智计划基地，加强与国外知名高等院校科研合作项目，提升合作成效。

4. 不断提升教师的国际化水平

高等教育国际化发展的一大关键就是教师，只有教师先具备国际化性质，才能让学生变得国际化。高等教育需要打造出一支积极奉献、职业能力高超的教师队伍，通过资金奖励、精神激励等手段，指引教师树立国际化的意识并主动承担责任，认可教师所做的努力及其研究成果，有助于提高教师参与国际化行动的动力。高等院校应该鼓励教师的双向交流，通过教师互换，扩展合作领域，扩大潜在的教育和研究合作范围。高等院校应该选派优秀教师出国参会或进行学术交流，提升教师队伍国际化水平。高等院校应该鼓励教师通过学术合作关系搭建学校之间合作的桥梁，引导教师在学校国际化机构兼职。

高等院校需要引入有一定国际影响力的创新团队与学科领头羊，使本校的科研实力上升。高等院校理应鼓励参与合作的外国高校的优秀教师开展短期授课，以提高本校课程的国际化质量。高等院校应该鼓励条件合适的教师参与相关国际化的行政工作实践，有针对性地实施国际化的项目和计划，解决学校国际化发展中遇到的实际难题。

5. 努力提高学生的国际化水平

对本国学生而言，高校需要积极拓展与国际教育机构、国外高校、国外科研机构等的合作，并以本校的发展需求为根本，加入国外学术战略联盟，签署具体的联合培养协议，规定联合培养的目标、培养的方式等，尝试建立全球教育合作的共同体，定期选派学生参加国际联合培养项目。高等院校应视学生的成长为教育的出发点和归宿。

高校教师与相关管理工作者需要对本国学生与留学生一视同仁，给予体贴的关注。来我国留学的学生是我国高等教育全面国际化的一股重要推动力量，能够将全球视野与学校文化、课堂融为一体。在全球竞争日益激烈的高等教育领域，高等院校需要展示学校的定位，凝练学校的特色；同时，还应逐年提高留学生的比例，不断完善招收留学生的措施，吸引更多对本校文化有认同感的留学生，为其配备合适的专业，投入合适的资金确保其实现来华学习的目标。高等院校应开设创新型课程，增设国际交流项目，加强国际交流活动，使本国学生和来华留学生能够相互交流。

进入新时代，我国高校应保持创新思维，多利用线上、线下多元化授课形式创设优良的国内学习环境，引进国外优质教育资源，鼓励拟出国（境）学生在本校选择适合的课程。对于参加中外合作办学机构或项目的学生，合作双方可以沟通协商，采取校园本地化的形式完成课程，并顺利完成学业。

二、英国高等教育国际化的经验与启示

（一）英国高等教育国际化的策略与经验

1. 政府积极引导支持本国高等教育的国际化发展

英国政府在本国高等教育国际化发展的过程中长期发挥着支持者与助推器的作用，始终坚持支持英国高等教育的国际化发展。1963 年，英国政府发布了《罗宾斯报告》；1987 年，英国政府颁布了《高等教育——应对新的挑战》白皮书；1991 年，英国政府颁布了《高等教育框架》白皮书。此外，英国政府在 1992 年颁布实施了《高等教育法》、1997 年发布了《迪尔英报告》、2003 年发布了《高等教育的未来》白皮书、2004 年出台了《2004 年高等教育法》、2010 年发布了《布朗尼报告》。通过上面一系列事关高等教育发展的白皮书、报告和法案，英国政府对本国高等教育国际化发展的重视程度一览无余。英国政府通过努力，将国内高等教育国际化发展与整个政策体系相结合，并出台了一系列政策确保和助推英国的高等教育走向世界。

与此同时，英国政府还适时采取了多种措施推动教育的国际化。例如，在全球化的大背景下，英国政府基于国际组织、地区组织所创建的平台，积极参与到世界各国的教育合作中，与世界教育市场建立了双向互动，进行双向的交流、学习与合作。政府搭建平台，借助文化交流，积极

向全球宣传英国的高等教育，推荐英国的知名高校，大量吸收国际学生与国际人才；大力助推高等教育的科技创新，支持高等教育的技术改革，凭借先进的科技手段，输出英国高等教育的理念与教育资源。

2. 高度重视品牌建设，构建高校联盟

英国高等教育国际化进程中的重要策略之一，就是高度重视对英国高等教育品牌的打造。具体而言，英国品牌计划包含广告宣传、留学生的奖学金项目等。1999 年的"首相倡议计划"和 2006 年的"国际教育首相倡议计划"是英国教育品牌的典型政策。

1999 年，英国推出了"首相倡议计划"，将英国的教育品牌塑造成其核心。在撒切尔夫人担任首相期间，英国政府开展了广泛的社会调研与国际比较，对英国高等教育国际化的比较优势进行综合考量后，对原有的教育资源进行了整合，从而形成了系统性的英国高等教育品牌计划。在国际市场上，美国和澳大利亚等国家的高等教育与英国的高等教育竞争激烈，尤其是美国带来的竞争压力最大。此前，英国高等教育品牌形象并不算好，因此英国政府逐步重塑和推广了本国的高等教育品牌，扭转了其在世人眼中的保守刻板印象。在英国政府的带领下，通过整合教育资源，突出英国高等教育鲜明的品牌特色，以便在对外竞争的过程中形成合力优势，使得品牌形象在国际市场中更加凸显。

2006 年，英国又推出了"国际教育首相倡议计划"，进一步更新了英国高等教育的品牌形象，也更加注重对于多元化的国际市场的开拓，所涉国家地区的范围变得更广阔了。其中，优先关注的国际市场涉及 22 个国家和地区，同时加大了对重点市场国家和地区的开拓宣传力度，如中国、印度等，减少对竞争激烈地区的过分依赖，在国际多元化市场中提高了英国高等教育品牌的国际竞争力。英国政府将"国际教育首相倡议计划"看作英国高等教育国际化发展战略这条更长道路的开始，将国际化战略发展的方向定位于更全方位的国际议程。

上面谈到的英国政府的"首相倡议计划"和"国际教育首相倡议计划"是国家之间竞争的宣传与保护机制，而在国际高等教育市场中，对高等教育品牌的传播和推广具有更加直接的品牌价值的往往是高校联盟。高校联盟即大学联盟，是若干有着共同利益诉求并且围绕共同的战略目标的高校，通过所在联盟规则约束而建立的大学联合体。

罗素大学集团是英国最具代表意义的高校联盟品牌，于 1994 年创立，由英国最杰出的 24 所世界一流研究型大学组成，包含了著名的金三角名校和红砖大学，代表着英国最优秀的大学。罗素大学集团是全世界产生诺贝尔奖得主最多的大学联盟，有近 300 名诺贝尔奖得主出自罗素大学集团联盟学校。作为英国声望最高的高校联盟组织，罗素大学集团将全英国最顶尖的大学联合起来，聚集了世界范围内大量优秀师资队伍及优质科研队伍。凭借其国际知名的声望和强大的教育科研能力，罗素大学集团已经成为英国高等教育国际化的重要品牌。

3. 大力吸引国际学生

英国大力推动本国高等教育国际化发展的又一重大措施是实施了相应的配套政策，大量吸引各国的精英人才，广泛地招收国际留学生。英国高校有专门的国际学生事务委员会，各个高校都参与到了这个委员会中。国际学生事务委员会配合各自学校的国际事务办公室共同制定和处理国际学生的教育事宜。这些高校借助英国各种对外文化交流活动的机遇，积极宣传英国高等教育的历史底蕴和比较优势。同时，为了能吸引更多国际留学生，英国还在世界各地设立了留学咨询服务机构，为全球各地有意愿了解英国高等教育教学设置、教育服务等信息的人提供帮助。

对于已经就读于英国高校的国际学生，英国政府和高校积极为在英的国际学生提供便利的公共服务，让在英国际学生切实感受到英国高等教育的优质服务与人文关怀，同时更加真实、立体地树立起了英国高等教育国际化的良好形象。比如，提供公共交通补助，推出对国际学生开放的国际学生卡，使国际学生可以享受公共交通和公共文化场所的优惠及便利；为在英留学 6 个月以上的国际学生提供部分或全部除了急诊以外的免费医务保障等。

4. 积极开展全球范围内的教育合作

英国各高校借助与海外开展合作项目的形式，形成了一种层次多样的分布格局与国际合作形式。英国在高等教育国际化发展过程中，积极主动地开展基于市场的海外合作项目，全力推动英国高等教育品牌发展。英国高等教育通过开发海外商业关系，设立海外分校进行跨国办学，建立联合科研项目等措施，在全球范围内构建起了一个教育合作网络体系。2000 年，诺丁汉大学在马来西亚成立了马来西亚分校；2005 年，诺丁汉大学在吉隆坡成立了士毛月（Semenyih）校区；2005 年，诺丁汉大学与浙江万里学院共同创建了更大规模的宁波诺丁汉大学；英国密德萨斯大学也广泛地实施了海外分校战略，在毛里求斯和迪拜设立了分校。在境外与他国大学联合培养大学生是英国高校跨国办学的另一种模式，其授课方式灵活，可分为在境外实施教学的全过程和分学年在英国完成两种。

除此之外，英国的跨国办学还衍生出了许多形式，如联合授予学位或双学位、短期留学等。例如，英国牛津大学就和我国的北京大学建立了跨学科培养以及联合科研项目领域的密切合作。

英国长期积极主动地参与到欧洲教育一体化的进程中。比如，在20世纪80年代，欧洲订立了关于欧洲地区国家互相承认高等教育学历与学位的公约，英国便是其中一员。1999年，英国积极参与欧洲教育国际化新战略——博洛尼亚进程与伊拉斯谟项目。在欧洲地区，英国借助欧盟搭建的舞台，借助欧洲高等学分相互承认和转换的政策，成立了综合性的研究型国际教育基地，在合作、交流和创新中打开了欧洲的国际教育市场。

2016年，英国进入了脱欧流程，英国政府也适时推出了全新的《高等教育和研究法案》，其中对脱欧后英国高等教育国际化的相关问题进行了明确规定，其中重点提出了要进一步打开世界教育市场尤其是新兴国家市场。英国在高等教育国际化发展过程中不仅参与到欧洲市场的竞争中，还将范围拓展到了美洲、亚洲等地区，与这些地区的国家进行学术、教育上的合作交流，也发布了一系列针对这些地区的国家的学生留学英国的优惠政策，设置海外分校与研究分支机构。目前，高等院校全球范围内的教育合作已成为英国高等教育国际化发展的重要举措，此举为英国高等教育走向世界打开了局面。

5. 高度重视高等教育的质量

英国高等教育的发展起步很早，而为了在当代高等教育国际化发展的过程中始终占据优势，英国的高等教育主管部门与各大高校都很重视教育的质量，主要体现在以下两方面：

（1）高度重视专业的设置。

英国高校的留学生选择较多的专业是商业及行政研究、工程和技术、社会研究、艺术设计等，所以英国高校设置了相应的专业。与此同时，英国高校还很注重建设与国际社会局势关系密切的专业，如国际政治、国际安全、国际关系、国际经济、国际金融与贸易等，从而在人才培养上紧跟时代的步伐。

（2）高度重视课程的设置。

早在中世纪，英国的剑桥大学、牛津大学就根据当时的社会需要，设置了大学的基本课程，主要包括语法、逻辑学、修辞学、神学、法学、医学、算术、几何、音乐、天文学等。而英国高等教育中的这类课程也经历了几百年的发展，成为当今世界这些学科的前沿阵地。

17—18世纪，随着自然科学的发展，数学、天文学、解剖学、化学、植物学、地质学等也相继进入了英国高等教育课程体系。19世纪时，英国高等教育的课程体系得到了进一步完善，形成了相对完整的包括自然科学和社会科学在内的体系。20世纪时，伴随着来英国留学的学生人数增多以及留学层次、需求的提高，英国高等教育逐渐增加了许多研究型课程，并开展了大量实验性课程。

20世纪90年代，英国许多高校的国际化课程大幅增加。英国政府专门对英国高等教育中研究生课程的设置如课程内容、课程时长等方面作出了详细的规定，并明确提出英国高校要拓展国际课程的门类。

（3）高度重视对高等教育的质量评估。

英国高等教育事务委员会不仅对高校课程设置的种类与数量十分关心，同时还高度重视其课程质量，尤其关注英国高等教育国际化课程的质量。为保证高等教育的质量，英国政府专门成立了高等教育质量保障局，严格把关英国所有高校课程的质量与水平。同时，英国高校也高度重视学科评审、教学质量、学历认定等工作，将维护课程质量作为高校的立身之本。英国高等教育质量保障局对于本国高校的学术研究水平的保障十分看重，定期进行评估，并根据实际情况给予政策指导，特别是指导和监督英国高等教育的国际性、全球性教育，严格把控英国海外高等教育分支机构的教学、科研质量，以保证英国高等教育在全球化进程中始终能够高质量地发展。

（二）英国高等教育国际化对我国的启示

1. 需要政府努力地推动高等教育国际化

纵观英国高等教育的国际化发展进程，实施"首相倡议计划"和"国际教育首相倡议计划"是其高等教育国际化的重要经验。"首相倡议计划"和"国际教育首相倡议计划"等战略规划兼顾了国家与高校、国内与海外多个层面的国际化举措。作为社会主义国家，统筹协调各方关系以及"集中力量办大事"是我国的制度优势之一。

习近平总书记在党的十九大报告中指出，要加快一流大学和一流学科建设。"双一流"建设吸取了"985"工程和"211"工程的经验教训，采用动态监测的方式，有利于综合提升我国高等教育实力。对此，我国在实践中可以借鉴英国剑桥大学的成功经验，综合考量国际化定位、国际化机构设置、国际化人员组成、国际化教学与研究内容等方面要素。我国可以借鉴英国的国际化战略，进一步完善我国的高等教育国际化政策，立足我国的高等教育比较优势，构建衔接国内教育制度与国际教育制度的体系。

2. 努力塑造我国高等教育的品牌

1999 年，英国开始施行"首相倡议计划"，英国高等教育品牌的打造成为英国高等教育国际化战略的核心。英国政府将奖学金、国际学生荣誉比赛等项目作为激励，以进一步在海外宣传、推广本国的高等教育品牌。而当前，我国的高等教育品牌正面临海外形象不够突出的问题，理应对我国高等教育在国际市场的比较优势和劣势进行综合调研，大力在海外进行推广宣传，让外国学生了解到我国高等教育的优势，塑造并推广中国特色的高等教育品牌。

打造顶尖大学联盟也是快速提升我国高等教育品牌知名度的有效路径之一。我国当前也有一些高校联盟，如"C9 联盟""卓越大学联盟"等，虽然相比英国罗素大学集团等国际知名高校联盟还有一定的差距，但也意味着我国高校联盟的合作在广度和深度上还有进一步提升的空间。相比之下，我国高校数量众多，需要国家层面的政策协调，并进行教育资源的整合，进一步突出我国的高校联盟品牌，力争在国际教育市场出现越来越多的中国高等教育品牌。

3. 不断提高我国高等教育的质量

国际化发展的进步要以教育质量和人才培养作为目标，国际化是高等教育本身的一个发展手段，而绝非根本性目的。要想形成从吸引留学国际合作到国际化提升学校水平的良性循环，就必须建立健全质量保障体制。在国际化进程中，英国高等教育面对大量国际学生和国际合作建立了完善的质量保证机制，多主体监督保证了英国高等教育的质量。目前，我国的一些高校为了提高自己对留学生的吸引力，降低了国际学生入学门槛，使得国际生源质量和国际课程的质量双双下降。我国可以学习英国的国际化经验，建立从国际学生招生到课程质量监督的一整套完善的国际化质量保障机制，只有这样，才能形成我国高等教育发展的良性循环。

4. 实施区域差异化发展政策

英国高等教育的发展与其地缘政治和国际关系有重大关系，欧洲的一体化发展为其高等教育国际化的升华提供了良好的条件。首先，站在地缘政治的角度来看，英国联邦地区是其文化软实力的优势地区，英国高校对这些地区的国际学生有天然的吸引力。其次，站在国际关系的角度来说，欧洲一体化的深入合作使得英国高校在学历互认等方面更加便利。尽管英国"脱欧"对其高等教育的国际化会产生深刻的影响，但因为其深厚的底蕴，英国的高等教育仍具有很大的吸引力。

同样地，我国高等教育在历史上的发展也受到了地缘政治和国际关系的影响。首先，中国是一个发展历史悠久、底蕴深厚的大国，其在不同地缘政治板块展现出的吸引力有高有低。在东亚和东南亚等传统儒家文化地区，我国可以通过强化区域合作来提升本国高校的吸引力。从国际关系的角度来看，随着国际贸易保护主义的抬头，逆全球化势力给国际合作带来了许多的风险，在这一背景下，我国高等教育的国际化不可避免地被打上了政治的烙印。因此，我国高等教育的国际化发展并不能只看重经济文化发展的交流与合作，还要看到国际政治层面的问题，对国际关系进行综合考虑，而基于地缘政治与国际关系存在的差异，应制定丰富多元的区域国际化政策。共建"一带一路"倡议的深入实施增强了我国的吸引力，我国高校也可以综合考量政治效应和地区风险，有重点地开展国际化合作项目。

三、日本高等教育国际化的经验与启示

一直以来，日本都很重视高等教育国际化的发展，希望能在国际上树立起优良的大学品牌与形象，进而提升本国高等教育的国际地位和话语权。

（一）日本高等教育国际化的策略与经验

1. 有效地制订国际化发展新战略规划

新时期，日本制定了新的教育规划报告，再次强调了日本高校自主管理的基本制度，要求尊重大学作为独立法人的自我管理权力。日本高校也在维持原有项目的基础上，陆续制订了新的国际化发展战略规划。比如，2019 年，日本广岛大学发布了《广岛大学国际战略 2022》，提出"教育、研究、国际与社会贡献以及国际化体系建设"四大基本目标架构，支持本国学生赴海外留学，积极扩大招收国际学生的范围，与产业界联动开展国际科研项目的合作并加快研究成果的转化，参与竞争性的国际化项目以获取经费支持，融入国际质量评价和认证体系等系统措施，营造可持续发展的国际化校园，树立"和平"大学的品牌和国际形象。

2. 注重加强学生的双向国际流动

（1）大力吸引国际学生。

得到新政策支持后，日本高校大力招收国际学生，并采用了多种措施，如在学校官网增设多语种的招生信息、举办海外留学展览、开展短期的游学体验、对外大力宣传日本高校的优质教学资源等。同一时间，政府下属的独立行政法人机构如日本学生支援机构，与各大高校、民间组织合作，努力为国际留学生提供就业、租房等相关信息，同时主动为符合条件的自费国际学生提供奖学金，助力他们顺利融入校园和日本社会。

（2）注重本国学生的海外学习。

在扩大招收国际学生的同时，日本高校也非常重视送本国的学生赴外国学习。比如，2020年，千叶大学开始实施"国际化大学引擎计划"，提出"全员留学"的倡议，把鼓励学生赴国外交流学习作为拓宽学生视野、培养国际化人才的重要途径，并将其纳入学校的课程体系。当前，可供千叶大学学生选择的海外学习项目高达30个，其中还包括为期10日的海外大学学习体验项目。日本大部分高校会为学生出国留学提供一定的经费，并聘请专业人士管理海外留学项目，不仅为其提供学业选择方面的指导，还能帮助他们提高外语交流能力。

3. 打造特色鲜明的国际化课程体系

日本的各类大学均有自主设置课程的权利，课程和学位名称具有较强的本土化特征。因此，日本新的教育规划报告特别强调"国际化通用课程"建设的必要性和重要性。比如，东京工业大学根据学校发展的需要，调整了原有的院系结构，整合了本科和硕士的课程，为学生申请博士学位拓宽了可选择的专业方向。东京工业大学作为世界知名的工科院校，专门设立了文理研究教育学院，面向全校学生提供数量众多的人文社科类通识课程，培养文理兼修的国际化人才。又如，筑波大学设立了国际问题研究专业，该专业提供社会工学、环境科学、地球科学、体育健康等课程，目的是从人类社会与自然和谐共存的角度，培养学生全面解决问题的能力，并且全程用英文授课。千叶大学还对"国际日本大学"的课程体系进行了深入的优化，针对全校学生开放比较文化、国际事务、外国语等多种丰富的课程，致力于显示出国际化人才培养的办学特色。

总体而言，日本很多高校都通过清除学科壁垒，设置全新的学科专业与联合培养项目等措施，打造出了一套特色鲜明的国际化课程体系。

4. 构建高水平的国际合作平台

日本高校长期以来都致力于与海外大学建立起亲密的合作关系，并形成了立体的国际合作平台。以东京大学为代表的一批高水平大学在海外拥有常驻机构，如在中国、美国、俄罗斯、印度等国家独立或合作开设办事处，为开展国际交流与合作提供平台。

2019 年，日本东京工业大学就在德国著名的亚琛工业大学新设了办事处，其主要任务包括向该校学生宣传自己的教学科研优势，并推荐优秀学生前往日本工作，吸引更多优秀国际学生到日本学习，收集海外研究动态信息，强化校际合作科研项目的沟通，积极促进跨国研究平台与当地企业的成果转化等。

日本在《面向 2040 高等教育总体规划报告》中提出了新的中长期高等教育发展设想，体现了日本高等教育国际化政策指向的高度持续性和稳定性。日本政府会定期评估高校国际化的实施情况，进而展开引导。而日本高校则紧随政府的政策，对世界顶尖大学的评价体系进行细致的研究，并不断强化大学内部的结构性调整，设定合理的国际化发展目标。日本高校在与欧美国家大学的合作中，注重学习和引进先进经验，重点瞄准国际前沿领域的科技创新。在与发展中国家的合作中，日本高校努力扩大国际学生的规模，这既能够增加办学收入，又能够留住高水平人才。日本高校持续发挥出主观能动性，基于跨国界、校园、学科的发展模式，在全球化的竞争中积极树立优秀学校品牌形象。在高校国际化的发展中，日本一方面关注高校的排名指标，致力于提高本国高校的国际声誉；另一方面又促进高校的内涵发展，从高校的国际化目标、国际化人才培养、国际化课程设置和国际化网络构建等方面入手，统筹协调、厘清思路，收获了不俗的效果。

（二）日本高等教育国际化对我国的启示

1. 政府指导支持和高校发力并举

习近平总书记提出构建"人类命运共同体"的理念，为促进世界和平与繁荣指明了方向。2018 年召开的全国教育大会上，习近平总书记提出，要扩大教育开放，同世界一流资源开展高水平合作办学。

我国高等教育在国际化发展的过程中，可以参考日本的一些具体措施和方法。例如，在我国高等教育国际化发展的宏观政策制定方面，政府理应给予高校方向上的指导，并提供资金的援助，对此，可以根据国家建设的实际需求和不同高校的特征，分阶段制定高等教育国际化发展的具体步骤；应充分调动各高校的积极性和主动性，促使不同类型的高校根据学校的实际情况，制定符合自身需要的国际化发展目标和相应的路径，强化高校的顶层设计。抓住机遇，围绕共建"一带一路"倡议，统筹协调国际"产学研"合作，以构建"人类命运共同体"的理念引领高等教育国际化进程，开展前沿领域高水平的国际教育交流合作。

2. 全方位提升高等教育的质量

基于建设世界一流大学、一流学科的背景，我国的高等教育国际化发展道路必须深入提高教育质量、提升创新能力和不断追求卓越。日本的成功经验在于引导高校以推进国际化进程为契机，根据学生多样化的需求，构建国际化的优质课程体系，全方位提高教育质量。

对此，我国高校能够直接从破除学科壁垒、行政壁垒方面切入，放弃过去那种学科、院系"单打独斗"的思路与做法，转而推动交叉学科之间的协同与创新，开发优质丰富的国际化课程，构建国际化的课程体系。并且，我国各高校还应当参与到国际质量认证中，确保自身教育信息的公开透明，并引进合格的、优质的外籍教师，增设更多的外语课程，秉持着开放包容的心态利用海外优质教育资源培养出具备国际视野、品学兼备的创新型人才，真正做到以学生为本。

3. 大力开展师生的国际合作与交流

日本高校对于促进教师、学生的国际交流进行了很多较为成功的尝试，也积累了不少成熟的经验，其政府、高校与民间组织之间形成了密切的配合，这种思路与方法值得我国借鉴。近年来，我国许多高校的国际学生招生规模逐渐扩大，努力在提高教学质量、促进中外学生趋同化管理方面做出了许多探索。我国国际学生教育发展的努力方向是设置完善的人才培养方案和相应的课程体系，打造优秀的师资队伍，以高质量的教学和服务吸引稳定的、高素质的自费国际学生，构建系统且完善的国际学生教育管理体系。对于我国师生的海外交流，需要为学生提供便利的海内外学分转换机制，需要增强海外学习项目与本校教学科研的融合程度，鼓励教师与各国同行开展高水平的研究合作，建立长期稳定的海外科研合作基地。有序开展学校师生的国际交流，有助于高校在海外构建交流合作的平台。同时，在做好思想政治教育的基础上，让学生充分了解中华优秀传统文化和世界先进文化，让学生充分了解不同的思维方式和历史文化，具备与各国青年在世界舞台上竞争的能力，从而最终能够承担起我国教育现代化发展的责任与使命。

第四节 高等教育国际化的发展路径探索

20 世纪 80 年代，联合国教科文组织就认定了高等教育国际化是现代高等教育发展的核心概念之一。我国颁布的《国家中长期教育改革和发展规划纲要（2010—2020 年）》（以下简称《教育规划纲要》）中也明确指出，要坚持以"开放"来促进改革与发展。对此，本节结合实际情况，深入探索了高等教育国际化发展的路径与策略，分别论述了高等教育课程国际化、高等教育教师队伍建设国际化、高等教育高校管理国际化三方面的内容。

一、高等教育课程国际化的路径

现代高等教育国际化的三大组成部分之一就是课程国际化。据研究，世界各地的高等教育国际化进程中的一大关键因素就是其课程的国际化发展。简单来说，课程的国际化是将国际化元素与高等教育中课程的开发、实施与改革相融合，涵盖课程目标、课程设计和课程实施。

（一）课程目标与课程要素的国际化路径

1. 课程目标国际化

课程目标指导着课程的建设，直接影响了课程的前期设置与后期效果。

课程目标体现了教育价值目标。高等教育的价值目标是传播真理，培养对社会有用的人才，而当今世界全人类的共同事业之一就是要在全球范围内自由交流、合作、学习与进步。

课程目标是高等教育人才培养目标在课程设置中的要求。相较于国际化目标，传统的课程目标往往更关注学生具体学科知识的掌握，对于学生能力与素质方面的侧重较少，目标设定较为片面、单一。而国际化的课程目标则立足于培养国际性的通识人才，致力于培养学生的国际性意识、全球性视野和国际事务参与能力。这需要高等教育的课程目标设定更加突出多元化：一方面，要重视知识的传承与创新；另一方面，必须注重培养学生适应全球化发展的能力。倘若没有科学合理地规划课程目标的国际化，等同于其课程的设置与实施缺少事实依据，也就偏离了高等教育国际化的初衷，从而在后续的实践过程中容易遇到瓶颈，使得最终效果大打折扣。

因此，我们可以发现，对国际化课程目标已经进行设定了的国家都是最早对课程的国际化进行推行的国家，就日本和美国来说，日本的培养目标是培养活跃的高素质人才以及培养学生的国际视野，美国的培养目标主要是培养学生的全球意识。日本和美国的课程目标都对课程国际化的实施具有一定的促进作用。

2. 课程要素国际化

课程要素是构成国际化课程的基本部分，包括主体要素、媒介要素和活动要素三个方面。其中，主体要素是指参与国际化课程的教师与学生；媒介要素在这里主要指语言媒介和技术媒介；活动要素是指组织课程实施的过程中涉及的与国际化有关的元素。课程国际化的"双向"特征，意味着课程国际化不仅代表着"引进来"，也代表着"走出去"。课程国际化以课程要素为载体，由三类基本要素组成，大致形成课程教育输入与课程教育输出两种状态。第一种状态也即教育输入，可以是吸引优质的外籍教师资源，促进课程的国际化转变；第二种状态则是教育输出，主要包括到国外开设本土教育课程，或是通过互联网为国外的学习者提供相关精品课程。此外，强化本地与外国学习者之间在课程中的交流沟通，强化外语教学力度，增设双语课程，都对国际化学习有帮助。

（二）课程设置与教材选择的国际化路径

1. 课程设置国际化

课程能够承载被拓展出的跨国知识，课程设置的科学与否直接影响了课程国际化的持续能力强弱。从世界范围上看，课程国际化发展的主要阶段有三个：其一，初始阶段，即简单地引入与国际相关联的课程，如世界经济、世界史等；其二，发展阶段，即在开设国际课程的同时，向其他课程融入一定的国际化内容，从而开阔学生的视野；其三，深化阶段，即将国际化因素与课程及其组织实施阶段相整合，不断深入与推广。

人们认为在国际化、多元化的环境下，应增加国际化的内容，培养学生的学习能力和生存能力。根据各国经验，课程设置的普遍做法有两种：①开发新课程，即开设专门的国际教育课程或与国际专题相关的课程；②在已有课程中加入国际化内容，包括国际案例分析、国际背景介绍、全球问题探讨等，使课程内容国际化。

就美国的高等教育课程国际化来说，它的形式有很多种，其中包括：国际教育在主流课程中被要求纳入核心课程体系，以加强世界历史、经济和语言学习的要求，在辅修或专业课领域加强国际或区域研究，发展不同专业和学科的双语教学；增加工商管理、管理工程等专业领域的国际内容，如国际法、国际关系等，吸引外国学生将其作为课堂学习资源；采用国际案例和学习材料，举办关于全球问题的专题研讨会，培养学生的国际思维；增加跨文化研究，帮助学生加强文化理解、拓宽国际视野。

2. 教材选择国际化

学习知识的最主要途径之一就是教材，要落实课程，还是要有文字性教材作为媒介，课程国际化的一项基本内容就是教材的国际化。当前，国内外大量高校都增设了双语课程，并在课堂上使用外文版本的教材，有助于学生外语能力、专业能力的提高。但是，部分高校对于教材的使用仍然存在误区。比如，在引入外文原版教材时不加甄别，并不是所有外文原版教材都是适用的、优质的。一些外文教材的质量不高，逻辑思维混乱、知识结构繁杂、内容浅显甚至出现错误，完全不符合课程国际化的需求。再如，一些高校对外文原版教材的使用过于盲从，而忽视了本土文化的根基，不仅不会提高课程国际化效果，反而容易本末倒置，忽略了国际化知识学习的重要性。另外需要注意的是，高等教育的内部规律即课程国际化同样要与学生身心的发展阶段相匹配。高校在使用外文原版教材时，需要考虑学生的外语水平以及学生所处的学习阶段，否则专业学习效果会大打折扣。

二、高等教育教师队伍建设国际化的路径

（一）国际化高等教育教师培训

国际化教师素质国际化的师资队伍建设，不仅要重视人才量的增加，还要关注质的提高。这里的教师素质主要指国际化师资的质量问题，国际化的教师所应具备的素质要求亦是教师人才培养目标的具体表现。高校教师作为上承下教、创新知识的中坚力量，在高等教育新的国际化形势下更应进一步提高自身素质。

1. 职前培训

国内高校国际化教师队伍的建设需要经过一个较长的过程。首先，在职前阶段，必须强化各个受教育阶段师范学生的国际教育和外语教育；其次，在关注相关知识考核与师范技能的培训外，还要将外语水平以及国际常识性知识的掌握也纳入高校教师招聘的条件中去。

2. 新教师培训

在培训新教师的过程之中，高校应当为其加入国际化教育的内容，通过这些内容帮助新人教师建立起国际化教育观念；同时，还要根据自身的实际发展情况以及新教师培训的需求，增设更为丰富的培训课程，如外语提高课、双语教学方法、专门学术领域的国际课程研究等。在实践方面，高校应为新教师提供国外长短期培训、访学以及其他多种形式的专业化发展渠道。

3. 在职教师培训

在鼓励高校教师进行国际化交流方面，可以采用多种形式的培养活动，主要包括：为教师提供出国学习机会、设立各种项目和基金、建立国际合作关系、建立国外分支机构、进行语言培训、鼓励教师开设国际化课程和教育资源共享等。

（二）提高教师的国际化科学研究水平

如今，高校教师开展国际学术研究与合作主要有两种渠道：一是建立国际合作可以在国际组织和机构之间进行。例如，开展教师或研究团队基于学科的合作研究。近年来，伴随着国际交流合作的趋势进一步扩大，欧盟、亚太地区乃至世界范围内的大学合作组织或计划都相继出现，这些合作组织对于促进教师的跨国教学与科研合作有重大作用，同时还促进了科研质量标准体系的统一，进一步建立起了基于教育资源共享的深层次关系。例如，澳大利亚"八校联盟"积极推行国际化战略，通过政府支持和各项基金资助，促进成员大学的科研国际化；新加坡国立大学与42所环太平洋地区的研究型大学组成环太平洋大学联盟，形成多边的科研网络；欧盟则自1987年起开始施行"伊拉莫斯计划"，成员国内教师流动性大，学术氛围相当活跃。二是高校还可以凭借建立海外分支机构、科研院校以及合作办学等途径，提供更多的国外进修机会，进一步提高教师的国际化教学水平。

（三）强化国际化教师的管理

提高高校教师队伍的国际化水平，有助于提升高等教育国际化建设的整体效益，对高等教育的国际化具有重大意义。然而，多元化的教师队伍也就意味着教师管理工作的复杂性。

1. 分清主次，循序渐进

首先，可以基于高等教育发展的现实情况以及对未来发展的推测，强化数据收集、统计与分析的工作。其次，可以建立专家决策咨询团队，加强人才引进和教师培养的宏观指导，提高教师管理工作的针对性和有效性。最后，可以根据学科建设的整体水平以及中央和地方高校师资队伍建设的国际化来测定各项工作的紧迫性，手头所有的工作都应根据紧迫性的不同在师资建设工作国际化之上完成，按部就班地深入教师队伍的建设工作。

2. 严格选拔，提高层次

盲目重视外显性指标是师资队伍构建的一大问题。只重视数量、一味扩大外来教师的规模，不一定符合我国高等教育现阶段的实际情况。另外，不加选择地接纳外籍人员作为教师，教育质量就无法保证，良莠不齐的教员也会带来其他社会问题。

所以说，国际化师资队伍建设必须有质量的保证，所引入的教师人才必须具备优秀的素养。高校可以根据需求邀请世界知名的专家学者到现场做演讲，为国内教师分享世界学术发展的最新趋势和最新研究成果，为他们介绍先进的教育哲学、科研方法、教学方法等，开阔国际视野，提高国际交往能力和教学科研水平。

3. 完善相关制度、法规

高等教育应完善国际化教师管理的相关制度、法规，如在管理外籍教师方面，可以从物质保障、职业发展角度切入，吸引他们加入并长期留下；同时，还必须完善相关工作的落实与评价方法。引进国外人才和对教师进行海外培训是提高教师队伍国际化水平的一个途径。此外，高等教育应加强后续评估，以保证引进的培训人员能够在各自岗位上扮演一定的角色，同时起到一定的作用。

4. 提高社会服务质量

提高社会服务质量是高等教育师资队伍国际化发展的后勤保障必须考虑到的因素。为了推动国际化师资管理体制的改革，高校需要为师生们营造一个轻松自由的学术环境，鼓励他们进行创新，确保积极流动，确保教师的归属感；应建立一个更加人性化的教学管理系统，如公开招聘系统、认证系统、专家评估系统、同行评审系统、社会实践体系、校本管理系统、中青年学者支持和资助体系、完善的教师服务系统、优秀教师的福利和保障体系等。

三、高等教育高校管理国际化的路径

（一）加强合作办学

高等教育国际化发展的一个重要途径就是合作办学。比如，2001 年，中国成功加入 WTO，这标志着中国进入一个"以开放促改革"的新时期。作为成员国之一的中国与全球上百个国家签订了深层次的教育合作协定，促成了全球最大高等教育市场的诞生，也促使了新型教育合作办学模式的出现。合作办学按空间架构可分为境内办学和境外办学。境内合作办学主要指中外合作办学，境外办学则以孔子学院的设立为主。

（二）推动学历互认

在高等教育国际化的深入发展过程中，学历的相互承认起着重要作用。学历互认能够突破不同国家教育体系之间的孤立、封闭状态，建立起联合学习合作的统一标准，进而推动跨国学习的进步。例如，随着欧洲一体化进程的推进，欧洲国家在高等教育领域的交流与合作也在不断加强。在 1987 年，欧盟开始实施"伊拉莫斯计划"，这大大促进了欧盟内部教师和学生的交流。德国在原本的硕、博二级学位基础上进行了学士学位的补充。

第三章 东盟国家高等教育发展现状分析

在当前全球化和信息化的时代，东盟国家的高等教育发展正面临着诸多机遇和挑战。各国在高等教育领域的投入力度不断加大、改革不断加快，跨国合作和交流也日益频繁，为整个地区的高等教育发展带来了新的动力和活力。本章旨在从东盟高等教育政策、职业教育、中文教育、高等教育国际化四个方面出发，探讨东盟国家高等教育的现状，为读者提供更深入的了解和思考，为我国高等教育的发展提供参考和借鉴。

第一节　东盟国家的高等教育政策

一、东盟高等教育政策的发展

东盟各国获得独立后，其教育政策的演进从 20 世纪 50 年代起发展至今，大致经历了起步阶段、快速发展阶段、调整阶段、质量控制阶段、区域认同阶段。

（一）起步阶段（20 世纪 50 年代至 60 年代初）

在殖民时期，统治者几乎完全忽视当地教育发展，即使兴办了几所学校也都是面向殖民者的子女及少数高层华人子弟，以培养贵族、统治者和官员为目的。随着国家独立，在沿用殖民教育制度的基础上逐渐开展教育制度改革，教育事业才逐渐发展起来，并慢慢明确教育的发展目标，如国家统一、经济社会发展、创办私立大学等。另外，逐渐统一教学语言，印度尼西亚语、菲律宾语、马来语等民族语言取代原宗主国语言。在这一时期，各国致力于去除殖民地教育影响，改造旧高等教育体制，探索建立新的高等教育体系，加速高等教育发展。这一时期的东盟国家政府往往比较重视发展人力资源和民族教育，一方面，把提高人力资源的素质作为国家发展战略的重要组成部分；另一方面，普遍要求各级学校逐步推广使用本国语言，并将其作为教学用语，不断改善各级教育办学条件。

1946年，印度尼西亚一些著名学者和教育家在日惹创办了第一所民族大学，即卡渣马达大学。1950年，印度尼西亚政府颁布了第一个《印尼教育法令》，建立了公立高等教育体系。从此，印度尼西亚逐渐重视教育发展，计划在全国22个省级行政区各建设至少一所大学。独立初期，菲律宾的学校要求将菲律宾语作为教学用语。为进一步改革受殖民主义影响的教育体系结构和基本政策等，马来西亚政府相继颁布《1957年教育法令》和《1961年教育法令》，强调政府教育政策的最终目标是实行包括以国语为教学语言的全国统一的教育制度。新加坡提出建立具有本国特色的教育制度，20世纪60年代的《教育调查报告书》提出了一系列包含大力推广职业技术教育、调整和扩充高等院校等改革的教育政策和措施，开始对殖民地遗留的旧教育体系开展多方面改革。泰国早期高等教育的任务主要是培训政府官员，没能体现出教育对经济社会发展的推动作用。1958年，泰国新政府提出高等教育的主要目标是为国家经济社会发展培养合格人才，逐渐开始探索建立具有本国特色的公立高等教育体系。

（二）快速发展阶段（20世纪60年代中期至70年代中期）

20世纪60年代中期至70年代中期，东盟各国经济上取得较快发展。同时，随着对教育的重视程度的不断提高及投入力度的不断加大，各国高等教育也在这个时期迅速发展。第一次东盟首脑峰会开始有意识地突出教育作用，一年后的第二次首脑峰会和第一次教育部长会议意义重大，成为东盟教育史上的里程碑。会上首次将教育纳入教育部长政策领域范围，特别强调了教育的重要性，并推出相关教育计划，把高等教育正式纳入东盟政策范围。各国普遍将高等教育放在优先发展的地位上，把高等教育纳入国家社会经济发展计划，并提出了高等教育服务国家经济社会发展的理念，强调教育目标就是培养国家发展急需的各级各类人才。在此基础上，教育在东盟各国发展中的地位越来越高，发展也愈发迅速。这个阶段，随着对外贸易在东盟国家经济发展中作用越来越大以及人们收入的提高，越来越多的家庭能够支付留学费用。由此，东盟国家开始重视教育国际化。

泰国加强对外开放的政策对高等教育的人才培养提出了更高的要求。

提出了一系列改革措施，包括为适应国家经济社会发展需求，增设急需专业并扩大招生强调加强科学研究。1965 年开始，泰国政府允许私立高校发展，同意私人创办三年制大学；1969 年又颁布了《私立学院法》。从 20 世纪 60 年代中期开始，泰国逐渐在曼谷以外布局高等教育，在各地陆续建立了一批高校，如西北的清迈大学、南部的宋卡纳王子大学、东北的孔敬大学等。另外，泰国还鼓励创办开放大学，多渠道扩大高等教育的毛入学率。

新加坡也在这一时期对高等教育进行了调整，主要表现在政府加强了对高校的领导，主导着高等教育的发展方向；积极推行教育服务经济社会发展的方针，使高等教育培养目标可以面向社会需求，直接为生产、生活和科技服务，推进教育逐渐与社会现实、生产部门相结合；统一高等教育制度，改善多民族、多语言文化情况，建立一元制高教领导体制，并采用自由竞争使学生逐渐向英文学校集中。

印度尼西亚在这一时期开启了国家的全面建设，尤其是 1961 年颁布的《印度尼西亚共和国高等教育法》，标志着其高等教育改革和发展开始蓬勃发展。20 世纪 70 年代以来，印度尼西亚超过 50% 的高校都是这个时期内建设的。《印度尼西亚共和国高等教育法》将高校分为国立和私立两类，并增加教育投入。印度尼西亚不仅从国家层面建立了一批大学，如印度尼西亚大学、哈山努丁大学等，政府相关部门也积极创办旨在为本部门培养专门人才的学院。

马来西亚于 1962 年成立了以教育部长为首的高等教育计划委员会，通过高校的升格和扩充等途径有效地帮助国家发展高等教育，推进教育发挥平衡各领域的功能，通过教育将不同种族的人团结起来，推动教育与政治、经济、社会、文化等加强联系，培养满足国家各方面发展所需要的专门人才。

菲律宾公私全面发展的高校结构源自美国教育体系，自 20 世纪 60 年代中期开始，其公立和私立高等教育就进入了快速发展时期。菲律宾政府于 1972 年颁布"教育发展法令"，明确提出为国家培养社会经济发展所需要的中级技术人才和高等专业人才。在此背景下，私立大学和相关学院的发展格外迅速。

（三）调整阶段（20 世纪 70 年代末至 80 年代）

这个时期，东盟各国经济取得较大发展，工业由劳动密集型向技术密集型和现代化工业方向发展。另外，随着高等教育规模的不断扩大，培养质量出现不同程度的下降。进入 20 世纪 80 年代，各国高等教育发展重心逐渐转移到提高质量上来。各国逐渐重视高层次人才培养，相继建立研究生教育体系，并逐渐重视科学研究。泰国专设国立发展研究院来培养研究生；新加坡建立了肯特岗高科技园区，将高校科研、教学、技术开发、生产紧密结合在一起。另外，各国教育发展水平出现参差不齐的状况。1985 年，马来西亚高等教育的毛入学率只有 6%，而菲律宾和泰国高等教育已进入大众化阶段（毛入学率分别为 38% 和 19.6%）①。马来西亚致力于平衡各领域的发展，印度尼西亚则致力于整顿私立大学，两国逐渐控制高等教育发展规模。随着教育国际化的推进，人才外流成了阻碍教育发展的一个因素。菲律宾在 1981—1984 年移居美国的专业人员和留学生达 43 359 人。1982 年，新加坡共培养了 2041 名博士生，而留在澳大利亚的比例超过 30%②。1987 年的第三次东盟首脑峰会明确了高等教育在提升东盟认同意识、人力资源开发及发展科学技术上的重要性。

新加坡在这个时期致力于发展先进的科技和工业，发展知识和技术密集型产业，努力推进国民经济现代化、机械化、自动化。在这样的背景下，新加坡政府调整高校专业设置，并适当充实和新增相关专业，在很大程度上增加了工程技术专业的比例；同时，增加高等教育投入，兴建教育设施，购买教学科研仪器设备，鼓励高校建立科研机构、科技园等，并为生产服务。

20 世纪 70 年代，马来西亚提出了教育要适应经济与社会发展对人力资源尤其是科技人才的需求。教育政策上优先培养马来人和其他土著子弟，并推行以马来语为教学语言来统一民族意识，制定相关措施保证高校录取更多的马来人和婆罗洲人。20 世纪 80 年代，菲律宾经济发展较快，要求高等教育要为适应国家的经济和社会发展需要培养人才。在经济发展的强烈需求下，其高等教育发展很快，菲律宾的高校数量在 1980 年时就有 1 097 所（其中私立大学为 756 所）。1983 年，菲律宾高等教育普及率已居世界第九位③。为了提高质量，菲律宾出台了高等学校入学考试制度、淘

---

① 徐俞. 东盟五国高等教育大众化初探 [J]. 外国教育动态，1991（1）：51-52，58.

② 薛天祥，侯定凯. 高等教育发展的两种模式：东盟各国的比较研究 [J]. 辽宁高等教育研究，1995（4）：15-19.

③ 黄建如. 20 世纪东南亚高等教育回顾 [J]. 高等教育研究，2000（3）：97-102.

汰质量差的高校、设立奖学金等相关措施。

20世纪80年代，泰国政府强调面向经济社会发展需求开展相关改革，高校的人才培养和科学研究要致力于国家经济和社会发展。在具体的改革内容上，调整专业结构和提高教育质量成为重中之重，如把医学、农业、工程等列为重点发展的学科，扩大经济发展和工业所需专业的招生名额等。

20世纪70年代后期，印度尼西亚文教部提出着重推进高等教育的现代化，高校应成为科研和技术发展的中心，其教学、科研应积极为社会服务。为了提高办学质量，国家开始整顿私立高校。另外，印度尼西亚在1980年又出台了《印度尼西亚国立高等院校组织条例》，目的是要加强对公立高校的领导和控制，开展整顿，完善管理，从而提高教育质量。

（四）质量控制阶段（20世纪90年代至21世纪10年代）

自20世纪90年代以来，随着教育规模的不断扩张，东盟高等教育的质量下滑严重，高等教育发展的质量与数量的平衡问题矛盾突出。自此，东盟高等教育进入质量控制阶段。

自东盟成立以来至20世纪80年代末，东盟未出台大型的高等教育改革和行动计划。为推进高等教育改革和发展，20世纪90年代中后期开始，一系列行动计划和方案陆续颁布。东盟首脑会议于1992年在新加坡举行，六国首脑签署《新加坡宣言》，确立了高等教育在人力资源开发与人才培养中的作用。可见，东盟从整体上在释放加强高等教育建设的信号。但是，在这个阶段，各国高等教育发展不平衡，有的国家没有处理好数量增长与质量控制的平衡，高校在入学人数实现规模扩张的同时，出现了整体培养质量下降的现象。反映在就业市场上，一是就业率偏低，二是大量相关人才失业。移植西方模式，模仿和引进先进国家教育技术给东盟各国高等教育的快速发展提供了先决条件，但一味的"拿来"主义忽视了像内生变革型国家本应该经历的对传统教育的改造，异质教育文化与本国传统教育及其传承性的激烈冲撞，引发的结果是在此阶段的东盟国家表现出教育质量不能得到有效的保证。

此时，菲律宾高等教育规模虽然达到一定水平，但不能保证产出合格的"产品"，使得大学变成了"文凭工厂"。于是，菲律宾努力提高大学教师待遇和社会地位，帮助教师潜心投入教育教学、科研以及社会服务，不少大学与工业企业合作培训专门的技术人才，开展企业内的教学、科研，菲律宾政府通过多种渠道努力提高高等教育质量。

泰国两所开放大学的招生门槛低，生源难以保证，加之在培养环节没有得到足够重视，致使教育质量堪忧。20世纪90年代以来，泰国在注重对高等教育管理的同时，加强了技术大学的建设，陆续创办了几所技术大学，并在1998年将其逐渐升级为自治的大学。

20世纪80年代中期以后，印度尼西亚提高了高等教育的毛入学率，教育资源一时无法完全适应扩招带来的冲击，教育管理部门也逐渐放松了对私立高校和开放大学的督导，批发式、粗放式的高校大学经营模式致使培养质量不可避免地受到影响。东盟各国为了缓解高等教育出现的质量下滑问题，纷纷建立了相关质量标准，并成立质量保障机构以积极应对。

马来西亚对接本国经济社会发展需求，积极推动科技人才培养，开办更多的理工学院，在编制第六个五年计划和第七个五年计划中分别新增三所理工学院。

新加坡也重视理工类高校的建设，分别在1990年和1992年新开办了两所大专性质的理工学院：淡马锡理工学院和南洋理工学院。1991年，原来的南洋理工学院升级为南洋理工大学，并从20世纪90年代开始，不断扩大高层次人才如研究生的招生规模。

新加坡还通过不断提高办学水平和层次，逐步提升办学质量，其中一个方面的表现就是高校扩大研究生的招生规模。新加坡国立大学的研究生数量在1993—1997年就翻了2.7倍（从2 700人增长到7 400人）[1]。

东盟高等教育政策在各国的实施尚不能同步，各国合作的深度和广度还有待进一步加强。

（五）区域认同阶段（21世纪10年代以来）

2010年以后，东盟同样在致力于提高教育质量，但重心已偏向于推进东盟认同。东盟认同起步于20世纪90年代，早在1992年的东盟首脑峰会上就提出了确立高等教育政策作为东盟认同的手段，但其真正实质性推进是在2000年以后。1995年，东盟大学联盟（AUN）正式成立，定位为东盟高等教育专门机构，是东盟高等教育区域化的核心组织。为拉近成员国之间的关系并开展合作，推动各国之间科研、教育领域的交流学习与合作，加强东盟高校之间的办学合作，东盟还启动了相关合作项目。在最初

---

① 黄建如. 20世纪东南亚高等教育回顾［J］. 高等教育研究，2000（3）：97-102.

的时候，项目的规模较小，很多项目需要经历较长的过程才能正式开展。如1997年"虚拟大学与在线学习核心课程开发项目"启动，但直到2006年才开始正式招生，最终成为AUN第一个大规模的联合行动工程。

2000年，第八次东盟教育辅助委员会（ASCOE）会议制订了加快东盟认同建构及系列高等教育具体实施计划。

2003年10月，东盟在印度尼西亚的会议确定东盟将向关系更加密切的共同体建设迈进。在此之后，AUN作为一个被社会广泛认可的高等教育机构及东盟共同体建设的基础，其董事会多次召开会议探讨共同体建设以及东盟大学建设等问题。各国推荐一定数量的高校成为AUN成员，致力于推广学生互换、学分互认、教育教学质量评估与控制等，并努力使之推广到东盟所有高校。

2007年出台的《东盟宪章》提出，让东盟人民从一体化和共同体建设中受益培养东盟意识，促进东盟认同。2009年颁布的《东盟社会-文化共同体蓝图》，把"东盟认同建构"作为一项重要内容与教育政策单列，指出东盟将探索建立与国际接轨的高等教育质量保障体系，通过高等教育政策规范、项目与评估等逐渐引导各国走向学术共同体或东盟高等教育区。

二、东盟高等教育政策特点分析

东盟国家高等教育各有其特点。新加坡重视人力资源开发，偏重技术型、职业型教育，并强调教育为经济发展服务。菲律宾高等教育毛入学率高，教育普及率高，但其高层次人才外流严重。泰国的高等教育由国家主导，国立大学是高等教育的主要形式。印度尼西亚的状况与泰国恰恰相反，私立学校占多数，但其教育质量参差不齐。马来西亚不同种族对教育的重视程度有较大差异，非马来族学生要通过更多努力才能获得相同的教育机会。文莱积极通过与外国合作建设新学科，推动教育可持续发展。柬埔寨、越南、老挝、缅甸等国受限于经济发展因素，教育发展水平有限。另外，除泰国以外，其他东盟国家都经历过殖民统治，教育体系或多或少受到殖民传统影响，其教育体系初级结构、基础建设等往往从初期就受到殖民宗主国的影响。

（一）东盟教育面临新问题

1. 在决策上的非强制性

东盟高等教育政策一直坚持其自有的方式，一般是通过非正式协商努力达成全体一致，在决策上不追求强制性，充分尊重各国意志和平等的地位，也一直没有建立超国家机构，没有在各国的上位层次推进相关政策的落地和实施。这种相对民主的态度能在多大程度上推进高等教育政策的实施取决于各国对相关文件、方案的认可程度，这在很大程度上放缓了政策时效性和推进速度。

2. 区域教育发展不平衡

致使东盟区域教育发展不平衡的因素是多重的，其中经济发展水平的差异居于首位。作为发达国家代表的新加坡与经济落后的缅甸、老挝、柬埔寨在经济基础上的巨大反差，是造成其教育发展差异的最主要因素。另外，各国在诸如高等教育机构、在校学生和教师数量等重要教育指标上也存在明显的不平衡。2014 年，印度尼西亚高校数量为 3 280 所，高等教育学生（含本科和研究生）超过了 505 万人（包括公立高校和私立高校），高等教育教师超过 23 万人；老挝的高校、学生和教师数量分别为 113 所、57 000 人、11 000 人；而文莱对应数据则只有 7 所、7 500 人、740 人，可见差异之显著①。

东盟各国高等教育自治进程也存在很大程度的不平衡。新加坡、马来西亚高校的自治程度较高，而柬埔寨、老挝和越南等国高校的自治进程缓慢。越南高校的自治推进缓慢，早期仅有两所高校可以直接向政府报告或开展相应的自治，到 2005 年也仅新增了 3 所试点。

3. 对加强质量保障的意识不够强烈

对整个东盟而言，随着高等教育区域化的不断发展以及各国之间联系日趋紧密，建立一个区域内高等教育质量保障体系的要求迫切。另外，各国面向本国的内部质量保障体系不健全，有些东盟国家与国外开展多种形式的合作办学，但其质量难以获得充分保障，有的甚至存在"花钱买教育"的嫌疑。菲律宾虽然是东盟国家中高等教育普及率最高的国家，但随着其高校数量的不断盲目扩张，教育教学质量出现明显下滑，这就需要教育主管部门成立相应的质量保障及监管教育机构。2012 年，《东南亚国家的质量保障研究报告》指出，东盟国家之间的质量保障机构系统和方法不协调，各国质量保障机构数量、内部构成等差异很大，且普遍缺乏相应的政策支持，投入也不足。

---

① 袁景蒂. 东盟高等教育一体化动力与阻力探究［J］. 上海教育评估研究，2018，7（2）：30-35.

4. 东盟教育政策特色的区分度不明显

东盟通过首脑峰会或教育部长会议等高层会晤公布宣言、公告、章程、计划等文件，各国再依此制定本国的教育政策和相关文件。一方面是因为各国政策制定的指导性文件和范本趋同，另一方面是为了推进各国之间的教育合作，使得各国高等教育政策的内容和模式相仿。比如，东盟教育案例推广、质量标准的统一、评估指标的制定等，给各国提供了范本，各国只要"依葫芦画瓢"即可，这种标准化参照往往造成教育政策趋同，致使优秀文化、优秀传统流失，并扼杀特色发展。

（二）东盟教育致力于公民终身学习能力发展

新加坡和文莱等经济发展水平高、收入高的国家重视终身学习理念的培养，将终身学习能力作为全面发展素质提升的一部分。印度尼西亚、马来西亚、泰国等经济发展水平在东盟各国中处于中等偏上，其收入也属中等水平的国家，虽然认为终身教育没那么重要，但相关文件中也会体现对终身学习能力的关注。在经济发展水平较低且收入也相对较低或处于中等偏下水平的国家，对终身学习、大众化教育的关注则主要通过适当加大教育投入力度等途径体现，如加强基础设施建设等。

（三）东盟教育探索自治化

东盟许多国家探索给予高校更多的自治权，在高校自治等问题上有许多相似的做法，表现出一些共同的特点。随着大学自治的开展，重组大学的传统决策方式逐渐被大学中枢管理机构从上到下的行政决定所取代。自治高校的领导层也往往可以快速决策，不再受到科层规章制度的限制。各国探索让公立高校解除与政府的隶属关系，并逐步减少财政拨款，经费机制已经从刚性基线预算变成了整体拨款或公式拨款。自治高校积极进入社会、市场活动，通过多渠道为学校运行增加收入。国家通过出台新法律下放相应权力，推动高校更多地开展自治。

1999 年，泰国颁布了《国家教育法》，允许高校修订学校章程，进一步规范学校的法人地位，以及独立开展相关事务的权利等。自治大学在经费和相关管理上拥有自治权，且不受政府的科层限制，但教职工不再享受公务员编制，而是实施竞争性薪酬。2000 年后，新加坡鼓励所有公立大学转制为企业大学，鼓励新加坡国家大学、南洋理工大学将慈善捐助作为政府经费、学费之外的重要收入来源。1995 年，马来西亚修订了《大学与大学学院法》，设立了公立大学企业化的基本框架，公立大学脱离政府科层管理，开展商业运作，大学治理结构随着被主管董事会替代的大学委员会而变化。印度尼西亚从 1999 年开始逐渐推进大学自治，选定四所大学开展试点，高校成为独立的法定实体，其对董事会负责，不用直接向教育部汇报，校长也不是由国家指派，而是由董事会选举产生。菲律宾国家大学和学院都有自己的宪章，对高校影响最大的是职业协会下设的考试委员会。越南高校有权针对一些基本问题做决策，如学生入学和毕业要求、学习课程结构、预算分配、教师聘用等，但总体进展缓慢。

（四）私立教育扮演重要角色

私立高等教育在东盟高等教育中扮演了很重要的角色，在 20 世纪 90 年代，菲律宾高校数量就突破了 1 000 所，成为东盟第一个进入高等教育大众化的国家。该国私立高等教育发展很快，其规模在东盟诸国中最大，在整个国家高教体系中举足轻重。20 世纪 90 年代后期，其私立高等教育在学人数就超过了全国在学学生数的 85%。文莱和印度尼西亚也重视高等教育与私营部门的合作，文莱侧重于职业技术教育与培训，印度尼西亚则重视双方之间的科研合作。但由于规模扩大，质量、效率不能同时兼顾，培养水平未得到充分保证。马来西亚私立高等教育机构评分和排名明显较低，其毕业生失业问题严重突出反映了培养质量问题。泰国、缅甸、柬埔寨、老挝、越南等国私立高等教育质量问题则更加严重。

（五）构建起东盟教育网络组织

为了摆脱殖民主义教育对本国教育的影响，东盟各国积极探索通过地区合作推进教育进步，并逐渐走上东盟特色的教育发展之路。"网络组织"慢慢成为东盟教育领域内开展地区合作的一种重要形式。各国通过加入网络组织开展交流与合作，成立了许多合作机构，如亚太教育创新发展计划、东南亚教育部长组织、东南亚高等教育研究协会、东南亚教育部长组织高等教育发展研究地区中心、东南亚教育部长组织地区开放学习中心、东盟大学联合会等。这些机构发挥着教育合作的开路先锋作用，不断将各国的交流合作推向深处。基于各国相似的发展背景，且面临相同发展要求，区域性合作机构便成了融合各国需求的专门的载体，承载了区域性高等教育经验的分享、教育领域内专门知识的交流以及相似文化的传播的需求。东盟正通过建立教育合作机构不断推进各国教育合作与交流，同时也不断推进高等教育区域化的发展和深化。

第二节　东盟国家的职业教育分析

一、东盟国家职业教育概述

为有效应对劳动力市场危机、促进职业教育国际化发展，东盟正积极推进职业教育区域化建设，致力于共同提升职业教育水平，以提升东盟整体人力资源水平和整体国际影响力。目前，东盟各国均建有独立的教育体系，部分国家职业教育体系亦较为完善。为了提升职业教育与劳动力市场的相关性，促进东盟职业教育共同体建设，东盟已通过建立东盟资格参考框架（ASEAN Qualifications Reference Framework，AQRF）、东盟国家教师（培训师）标准（Standard for In-Company Trainers in ASEAN Countries），成立东南亚教育部长组织职业教育区域中心（SEAMEOReginalcentrefor Vocational and Technical Education and Training，SEAMEO VOCTECH）、东南亚职业教育联盟（Southeast Asian Technical and Vocational Educationand Training Consortium）、东亚及东南亚职业教师教育区域协会，制定东盟五年教育规划并将职业教育作为重要内容，建立东盟职业教育高层会议机制（High Official meetingonSEA-TVET）等路径推动东盟职业教育一体化发展，致力于东盟职业教育共同体建设。

（一）菲律宾的职业教育

菲律宾职业教育的历史不长，但其职业教育体系和管理模式有很多特色。菲律宾职业教育共有四种类型，分别是基于学校的职业教育、基于培训中心的职业教育、基于社区的职业教育和基于企业的职业教育。按照经费来源，职业教育机构可分为公立职业教育机构和私立职业教育机构两种。根据教育时间的长短，职业教育项目可分为短期项目（三个月以内）、中期项目（三个月至一年）和长期项目（一年至三年）三类。

为了使职业教育的制度更规范，菲律宾政府陆续出台了一系列与职业教育相关的法律法规。菲律宾政府于1982年颁布的《教育法》为现在的菲律宾教育体系建立了框架，它规定了教育体系的目标包括提供通识教育，帮助人们融入社会；为经济社会培养所需要的中级技能人才；培养知识领域的带头人；通过教育规划和评价系统有效地应对不断变化的经济需求。1994年发布的《职业教育和技能发展法》规定，职业教育和技能发展局是菲律宾职业教育的管理机构，这为职业院校提供高质量的职业教育和培训提供了制度保障。2013 年，菲律宾政府颁布了《加强基础教育法》，也被称为"K12 计划"，该计划涵盖一年学前教育、六年小学教育、四年初中教育和两年高中教育。在该计划中，基础教育增加了职业方向的选择，普及生活中必要的中级技能，为学生在全球人力资源市场上获得更多就业机会做准备。为了使职业教育和高等教育之间实现衔接，2014 年，菲律宾政府颁布了《阶梯化教育法》，使阶梯化教育项目有了明确的制度，有利于职业教育的学生进入高等教育领域学习。2014 年，菲律宾政府颁布了《开放远程教育法》，推广开放学习理念，计划把远程教育作为提供优质职业教育的方式来实施。在财政支持方面，2015 年菲律宾政府颁布的《高等教育学生资助法案》规定，政府对于资源的分配、使用必须合理化。由于高等教育机构也有职业教育项目，这一法案使职业教育学生可获得的资助也得到了提高。2016 年菲律宾政府颁布的《普及优质高等教育法案》规定，公立高等教育机构、公立职业教育机构实行免学费制度，建立补助和贷款制度，进一步促进了《高等教育学生资助法案》的实施。在就业方面，2016 年菲律宾政府颁布了《绿色就业法》，主要强调人们在农业、工业和服务业工作中要注意保护环境。该法案还要求劳动就业部和其他政府机构协调制订国家绿色就业人力资源开发计划，以促进劳动力技能和职业素养的提高。

近年来，菲律宾在职业教育方面继续保持积极发展态势，在 2012 年建立菲律宾国家资格框架（Philippine Qualifications Framework）后，又于 2017 年颁布了《菲律宾资格框架法案》，使资格框架成为一个有质量保证的国家体系。2018 年，《国家职业教育日法案》规定每年的 8 月 25 日为国家职业教育日。为了进一步鼓励和发展职业教育，提高菲律宾人力资源的全球竞争力，《国家职业教育和技能发展规划（2018—2022 年）》规定为职业教育的发展和优质服务提供有利的环境，培养具备 21 世纪技能和全球竞争力的绿色经济工作者，使菲律宾劳动力为应对第四次工业革命带来的挑战做好准备，确保具有较高经济和就业增长潜力的行业获得所需数量的优质劳动力，促进社会公平和经济包容，在各个行业中传递职业教育的价值理念，并逐步将职业教育课程标准与世界接轨。

（二）柬埔寨的职业教育

柬埔寨的职业教育以消除贫困为主要目标，通过提供技术培训、创造就业机会促进就业，提高职业教育毕业生的收入水平。此外，柬埔寨政府也希望通过职业技术教育为产业界培养高水平的技能人才。柬埔寨国家工业技术学院时任院长提出，以交通技术方面为例，柬埔寨劳动力市场缺乏熟练劳动力，职业院校每年培养的学生数量不足，无法满足劳动力市场对高水平技术工人的需求。

2011 年 2 月，柬埔寨时任首相洪森提出职业技术教育与培训的五项优先政策以促进职业教育质量和效果的提升。这些政策强调技能发展的重要性，向不同人群提供基本技能的培训，从而减少农村贫困人口，支持个人发展。政策主要包括将培训与市场需求挂钩；确保培训质量，提高生产力；加强公私伙伴关系；确保教育公平；扩大职业技术教育与培训的规模，促进社会经济发展。

为加强公私伙伴关系，柬埔寨举办政府与社会资本合作论坛（Public-PrivatePartnership，PPP），该论坛是柬埔寨发展资源研究所（CambodiaDevelopment Resources Institute，CDRI）2017—2020 年的核心活动之一，由瑞士发展与合作署资助。整个论坛以研究、能力发展和对话为主要内容，集中在技术和职业教育与培训领域。该论坛强调学徒制与基于工作的学习，要求私营部门在制定和设计培训内容、提供培训场地、评估培训成果和资助培训等方面做出积极贡献。

2017 年，柬埔寨劳工与职业培训部制定了《国家职业技术教育培训纲要（2017—2025 年）》，提出职业技术教育培训的核心是在竞争激烈的全球化经济中，为所有人提供终身就业、生产力和经济发展所需的知识、技能和素质。其中有四个优先发展领域（又称"四角战略"）：持续提高教育质量和市场相关性；持续提升入学率和教育公平性；促进公立部门与私立机构的伙伴关系；持续加强政府管理和监督。这一文件与柬埔寨社会经济发展目标密切结合，为柬埔寨在 2030 年成为中高等收入国家贡献力量。该文件要求教育系统高度关注无法接受正规职业技术教育与培训的适龄青年与辍学者，强调职业院校要与工厂合作提供培训。为促进经济发展，柬埔寨需要利用青年人口众多的优势，培养高技能的熟练劳动力，以吸引外资。

（三）老挝的职业教育

目前，老挝政府大力支持教育与人力资源开发，以实现老挝从最不发达国家之一转变为工业化、现代化国家的目标。为此，老挝政府提出了多项策略，包括提高教育质量、促进终身学习、提高生活质量等，以满足世界劳动力市场竞争的需求。

老挝政府在《国家教育系统改革策略（2006—2015年）》中将扩大职业技能培训列为四大改革目标之一。通过该策略框架及《2011—2015年教育发展计划》的发布，职业教育在老挝日益成为适应经济高速变革的关键教育模式。

老挝全国共有101所职业院校，在政府推动初中或高中水平的学生接受职业教育的努力下，截至2019年年底，接受职业教育的学生已经达到学生总数的60%。老挝职业院校主要包括高中与大学两个层次，学生完成职业高中的学业后可获得中等职业教育证书或培训证书。大学阶段的职业教育包括文凭和证书课程，有大专和本科两个层次，学生可通过全日制、继续教育或培训完成学业。在完成学业后，学生可以获得相应的毕业文凭或证书。

根据德国成人教育组织国际合作部对老挝1752名取得高等职业技术教育文凭的毕业生进行的跟踪调查，有68%的毕业生能找到就业岗位，有15%的毕业生面临失业，有17%的毕业生选择继续深造。在具有中等职业教育证书的毕业生中，有85%的人能找到工作，但大多数人（60%）就职于国有机构，还有25%的人就职于私营企业。这表明，老挝职业教育方案与劳动力市场需求不匹配。

（四）马来西亚的职业教育

对于职业类课程内容，马来西亚教育体系的各阶段均有所涉及，早在小学教育阶段，马来西亚就通过职业预备课程提供技术教育，有一门叫作"生活技能"的职业预备课程，让学生接触各种职业内容，学习基本的职业技能。进入初中教育阶段后，学生则可以选择接受专门的职业教育。

马来西亚在初级中学阶段对学生进行学术方向和职业方向的分流。针对职业方向的学生，马来西亚实施基础职业教育计划。学生从初中一年级到初中三年级，通过三个等级的培训，即可获得由人力资源部技能发展中心颁发的马来西亚技能二级证书。初中毕业生通过初级中等评估考试后进入高中阶段的学习，并根据其成绩进行学术与职业的再次分流。马来西亚高级中学分为普通学校、技术学校、职业学院、宗教学校、体育学校5种类型，对职业技术感兴趣的初中毕业生一般选择在技术学校或职业学院进行课程的学习，学制为两年。高中快毕业时，学生需要参加马来西亚资格认证考试，通过考试的学生可以进入中学研修班、大学预科班、社区学院、理工学院、公立大学等不同教育机构，部分学生也会就此选择脱离教育系统，作为非技能工作者进入劳动力市场。

在马来西亚职业教育体系中，职业技术教育与培训中的"教育"部分主要由教育部负责，包括技术学校、职业学校、理工学院、公立大学和社区学院等。职业技术教育与培训中的"培训"部分主要由其他政府部门负责，如人力资源部、青年与体育部、农村发展部等，这些部门建立了许多公开的技能训练学院，提供多种职业计划与培训课程。辍学或有再教育需求的学生可以选择参与此类培训。

为了在多部门管理的情况下保证职业教育的质量，为用人市场提供人才质量的衡量标准，马来西亚成立国家认证委员会，制定了统一的资格认证框架与职业技能标准。国家认证委员会下设的马来西亚资格认证机构，负责制定马来西亚资格框架，为高等教育和培训部门制定相应的资格标准。资格框架将所有职业资格分为技能教育、职业技术教育、高等教育三个部门进行管理，将三种教育所能获得的证书和学历水平同时放在资格框架中，其中技能教育和职业技术教育部分的资格等级最高为五级，高等教育资格等级最高为八级。资格框架提供了一套清晰的标准，将职业资格与学生的成就水平挂钩，帮助用人单位与社会机构对人才的水平做出合理预判，同时也促进了职业资格水平的国际比较。该资格框架将非学位课程与本科生及研究生课程相比较，鼓励学术、技能与职业技术资格之间转换和互通。

（五）缅甸的职业教育

缅甸职业教育体系主要包括中等职业教育和高等职业教育两个层次。政府技术高中的入学要求为学生已完成初中的学习且通过了入学考试。政府技术高中为两年制，课程除与普通高中相同的基础学科外，还有技术类的专业课程。完成两年的课程学习后，学生可获得国家认可的正式毕业证书。政府技术学院为三年制，招收从普通高中或政府技术高中毕业的学生，普通高中毕业生需要在高考成绩上达到要求，政府技术高中毕业生需要在校期间的所有科目的平均分上达到要求。与大学相比，政府技术学院的人才培养更加注重学生在实践领域应用技术的能力，主要为学生进入劳动力市场做好准备。

1974 年，缅甸政府颁布了《技术、农业和职业教育法》，该法对各类职业技术教育与培训作出了规定。该法实施的宗旨在于，为缅甸培育建设行业所需的技术人员和专家，培养能够有效利用先进技术开展农业和畜牧业活动的杰出人才，增加符合国家政治、经济和社会制度的职业教育课程，培养具有民族精神的技术人员和知识分子。2013 年，缅甸政府颁布了新的《就业和技能发展法》，这是缅甸职业教育领域的第二个重要法律，该法规定了已经进入工作领域的工人和即将进入工作领域的工人的技能发展权利，还规定了国家技能标准局的建立和职能。

（六）泰国的职业教育

根据国家经济发展与国内外劳动力市场的需要，泰国政府正努力提高职业技术教育与培训的质量和学生数量。根据泰国 2008 年颁布的《职业教育法》，泰国职业教育分为正式职业教育体系、非正式职业教育体系和双元制体系三个部分。职业教育的主管部门有教育部下属的职业教育委员会办公室、劳工部下属的技能发展部，以及总理内阁下属的泰国职业资格研究所。

职业教育委员会办公室负责提供正式项目、非正式项目及双元制项目；技能发展部负责在职员工的技能培训、再培训和技能提升，使员工符合国家资格标准；泰国职业资格研究所致力于发展职业资格体系，并与职业教育及高等教育机构合作，以职业能力标准为基础，开发更高质量的课程。

2012 年，泰国教育部提出《教育发展战略（2012—2015 年）》，其中第四项战略为管理高等教育、高等职业教育及职业培训，以适应市场对人才在数量及质量上的需求；建立在学习中积累经验的系统，如设置修复中心、助学贷款、勤工俭学等，努力实现学生毕业后立即就业；教育机构组织职业培训，使学生适应市场对人才及技能的需求，培养新生代企业家，建立职业培训中心。

（七）文莱的职业教育

文莱职业教育的历史很短，于 1970 年成立的教授贸易和工艺的学校是文莱技术教育部主管的职业教育系统的开端。文莱职业教育在过去 20 年中不断建立更多职业教育机构来满足该国日益增长的劳动力市场需求。2008 年，文莱为适应经济全球化、提升自身的国际化地位，制定了"文莱愿景 2035"。自 2012 年起，文莱职业教育开始改革和转型；2014 年，文莱发布了《职业技术教育转型白皮书》，旨在建立新的职业技术教育体系。

改革后的文莱职业教育发生的主要变化包括：成立新的职业教育机构——文莱职业技术学校，代替原来的职业教育管理机构——技术教育部，并将原来部分职业院校合并到该学校，作为该校管理下的校区，负责特定领域的教育与培训工作；建立新的职业资格框架，进行课程改革，增加学徒选择机会，进行职业晋升培训。

2012 年改革以来，文莱的职业技术教育与培训体系日趋完善，职业技术学校、培训中心和技术学院成为职业教育的主要机构。在义务教育阶段，文莱设有专门的职业教育机构。为了让完成义务教育的学生顺利走上工作岗位，学生在义务教育阶段可以选修职业类课程，毕业时可参加职业资格考试，获取职业类普通中等教育证书。文莱中学阶段的职业类课程并不是专门性职业教育，而是一种职业准备教育，其目的在于让青少年有更多了解和尝试职业技能的机会。

文莱中学后教育分为大学预科教育及职业技术教育。职业技术教育主要由文莱职业技术学校负责，按照年龄及学习年限推算，其相当于中国的中等职业教育；完成两年的中等职业教育后学生可进入文莱多科技术学院继续学习，相当于中国的高等职业教育。学生毕业时可获得不同水平的教育证书。不同培训项目所要求的培训时间不尽相同，一般为一年至三年半。文莱的职业技术教育和培训重视实习经验，在转型后的资格框架中，不同水平资格的获得要求学员达到不同的实习标准。

（八）新加坡的职业教育

职业教育是新加坡教育的一个重要组成部分，其教育理念是"以明天的科技训练今天的人才，为未来做准备"。为此，新加坡建立了自己的职业教育体系，由职业教育机构提供相关教育和培训等服务，并规定了学生接受不同类型的职业教育所要具备的不同资格。

学生在中学阶段结束时必须参加 GCE 考试，根据成绩和兴趣，他们主要有三个选择，包括初级学院、理工学院和工艺教育学院。理工学院的学制为三年，其全日制学生毕业后可以获得大专文凭。而在工艺教育学院，学生们通过考试可以获得国家职业技术教育证书、高级国家职业技术教育证书和专家级国家职业技术教育证书。职业教育机构在选择学生时不仅将考试成绩作为参考依据，而且看重操作能力测试等内容。经过多年的理论和实践研究，新加坡教育部提出通过"工读双轨计划"和"混合型学徒计划"等形式来促进其职业教育的发展。

职业教育是新加坡教育体系的重要组成部分。近年来，新加坡不断尝试建立更加灵活多样的教育体系，为学生提供更多选择，以满足不同层面学生的需要。通过职业教育，新加坡学生在不同类型的教育中可以实现真正的流动。

经过不断探索，新加坡职业教育形成了四大支柱：中学阶段学生分流、工艺教育学院、理工学院、继续教育与培训。新加坡儿童从 6 岁开始接受至少 10 年的正规教育。完成中等教育后，学生可以选择进入不同中学的相关教育机构。想要继续参加学术教育的学生一般选择进入初级学院（2 年）或集中学院（3 年）接受预科教育，然后通过参加 GCEA–LEVEL 考试进入大学学习。这也是新加坡学生进入大学学习的主要途径。想要取得中级专业人员文凭证书（diploma）即大专文凭的学生，可以选择进入 5 所理工学院继续学习（3 年）。新加坡 5 所理工学院分别是南洋理工学院、义安理工学院、共和理工学院、新加坡理工学院、淡马锡理工学院。除上述两种去向外，每年大约还有 25% 的学生选择进入新加坡工艺教育学院继续学习。完成学业后，学生可以获得国家职业技术教育证书、高级国家职业技术教育证书、专家级国家职业技术教育证书或文凭。

（九）印度尼西亚的职业教育

印度尼西亚普通高中毕业生往往会选择继续接受大学教育，而职业高中毕业生通常会选择进入劳动力市场，因此两类学校的基本目标、课程设置和学习方法都有所不同。在印度尼西亚的普通高中，课程设置主要包括通识教育和素养学科。开设的通识课程有宗教、公民学、印度尼西亚语、数学、历史和英语，此外还开设了自然科学社会科学和语言等学科课程。

印度尼西亚的职业教育一方面强调让青年为高薪就业做好准备，另一方面着眼于培养优秀的公民。因此，职业教育的课程内容包括规范性科目、适应性科目和生产性科目三个类别。其中，规范性科目包括宗教教育、公民教育、印度尼西亚语体育、健康教育及艺术和文化，以培养社会公民为目的；适应性科目包括英语自然科学、社会科学、信息管理、计算机技能和创业教育，主要为学生继续接受高等教育和生产性科目教育做一些基本知识和技能上的准备；生产性科目与职业教育直接关联，包括职业能力基础课程和职业能力提升课程，侧重于技术与技能，学生通常只选择一两个科目进行学习。在学习方法上，普通学校普遍采用面授教学、课堂互动和实验室学习的方式，而职业学校除在学校学习外，还允许学生在企业实习，采用学徒制等方式，作为传统学习方法的补充。

印度尼西亚职业技术教育与培训系统可分为两个独立的部分，即职业教育系统与职业培训系统。其中，职业教育系统是国民教育体系的一部分，职业培训系统是国家工作培训体系的一部分。

依据 2003 年的《劳动法》和 2006 年的《国家工作培训体系政府条例》的规定，职业培训由人力资源部管理。地区人力资源管理部门负责为培训提供资金和监督指导，同时开设短期职业培训。培训的内容一方面针对失业人群，为他们提供就业技能的支持；另一方面根据行业需求进行有针对性的培训。国家工作培训体系也支持学徒制的开展。学徒制基于企业、政府人力资源部门和学徒的三方协议。提供学徒制的企业必须在地区人力资源管理部门注册，并有义务为学徒提供一些培训，这些培训也可以由获得资格认证的社会培训机构开展。学徒制的标准培训时长为 6 个月，最长可至 12 个月。目前，学徒制在印度尼西亚还没有得到广泛开展。

完成培训项目后，学员只有通过国家工作能力标准、专业组织的国家标准或国际标准认证才能拿到职业证书。目前，国家工作能力标准对 100 多个职业进行了规定，并与国际劳动力市场接轨。国家工作能力标准也为职业高中毕业生提供了能力认证的一种可能性，未来，职业高中的课程将以工作为导向，有意识地参考该标准设计课程。

（十）越南的职业教育

越南职业教育历史悠久，19 世纪末就形成了职业教育的雏形。1950 年 7 月，越南政府建立了包含基础教育、普通教育及职业教育在内的三种类别的学校。1969 年，越南政府成立了职业技术工人培训部，标志着职业技术教育的正式确立。目前，越南职业教育院校主要培养农业、工业、医疗、旅游、建筑、交通等领域的技术人员和工作人员。此外，也有部分高等院校提供职业教育培训文凭和证书相关课程。

越南职业教育主要由劳工荣军社会部、职业教育培训局、教育与培训部负责管理。地方一级的职业教育由地方当局管理。职业教育培训局协助劳工荣军社会部管理国家职业教育，其职责主要包括规划课程内容、监控培训质量、建立国家资格框架，制定职业教育培训讲师、教师和管理人员标准，等等。

二、东盟国家职业教育发展面临的挑战

东盟各成员国正在努力实施职业教育改革，但受起步较晚等多种因素影响，尚面临社会认可度低、市场相关性不足、校企合作力度不大、政府统筹管理不足、职业教育经费不足且基础设施设备落后等挑战。

（一）职业教育社会认可度低

东盟诸多成员国的职业教育仍缺乏吸引力，如柬埔寨、马来西亚、越南等国。年轻人、家长、社会公众及用人单位等群体仍对职业教育存在偏见，认为职业教育是"二等教育"，是为贫困人口、边缘化群体及辍学青年等提供的低层次教育，毕业生的工资较低且发展受限，并不认可其作为培养培训熟练技术技能工人以促进就业和可持续发展的重要战略等。在柬埔寨，人们普遍重视高等教育、忽视职业教育，诸多教育机构尚未向学生积极宣传职业教育的重要性。马来西亚人民对职业教育形象的感知较差，认为职业教育是学业水平较低者上不了大学的"最后选择"，因此职业教育领域入学率较低。相关数据显示，东盟在中学阶段接受职业教育的学生比例仍较低。

东盟职业教育的高负面感知度、低社会认可度和参与率，主要是进入职业教育的要求较低，且毕业生接受继续教育与发展的前景受限而导致的。因此，这不仅是一个简单的观念与现象问题，更是直接影响职业教育发展与经济社会发展的综合性挑战。

（二）职业教育与劳动力市场相关性不足

东盟职业教育的人才培养培训质量不高，与行业企业发展的相关性不足，尚不能满足劳动力市场需求。柬埔寨职业院校毕业生普遍缺乏动手实践等专业能力，同时也缺乏阅读、写作、数学、计算、沟通能力，以及团队合作及解决问题的能力等基础性技能，对就业造成较大影响。在印度尼西亚，由于毕业生素质较低，所具有的技能与劳动力市场的需求不匹配，无法满足行业企业的需求，职业院校毕业生的失业率与其他教育相比也处于较高水平。马来西亚职业教育提供的技能资格较低，其中70%以上的毕业生处于1级技能证书水平和2级技能证书水平，虽然职业教育机构运行在较高的水平但许多尚未完全运作，且总体融资结构也不能有效支持职业教育发展。越南缺乏有效的劳动力市场信息系统，导致职业教育与培训供需不匹配毕业生就业质量较差。缅甸缺乏国家层面的涵盖技能标准、教育教学方案、教师队伍、管理队伍、设施设备等内容的较为全面的质量保障体系无法确保职业教育培养的人才能够满足当地劳动力市场所需。在技能标准方面，因相应部门制定符合国际惯例、适应当地发展的国家技能标准的能力比较薄弱，已制定的技能标准尚不完善；职业教育方案课程与国家技能标准之间未建立联系，与工作领域相关性不足。

（三）校企合作力度不大

目前，东盟地区的诸多企业尚未表现出参与职业教育的兴趣与积极性，导致这种现象出现的主要因素包括：企业与职业教育系统信息不对称；不了解企业如何为职业教育人才培养质量提升做出贡献；参与职业教育的企业与未参与的企业相比无明显好处；职业院校课程与企业需求的技能脱节；部分用人单位参与学生培养培训后，学生跳槽率依然较高。比如，越南职业教育缺乏与行业企业的有效合作，尽管政府和职业教育机构已意识到与行业企业合作的重要性并制定了相关的法律和政策，鼓励企业积极参与职业教育，但企业积极性仍不高，尚未建立起有效的深度合作模式。缅甸的职业教育是在行业企业未参与的情况下实施的，因职业院校教师缺少行业企业经验，培养培训方案以理论而非实践为导向，教学以课堂而不是工作场所为基础，进一步加剧了供需之间的不匹配。在政策和职业教育的规划方面，职业教育机构与行业企业间的联系也十分有限。文莱的职业教育亦缺乏行业企业等利益相关方的支持与参与，缺乏行业企业经验丰富的教师/培训师。东盟职业教育发展中企业参与不足，导致职业院校教师或培训人员对企业了解不足、培养培训方案针对性不强、技能标准不实用等问题，进而导致东盟的职业教育对劳动力市场的需求反应较弱，不能有效供给人才。

（四）政府统筹管理不足

东盟多个成员国的职业教育在国家层面呈现出管理体制碎片化状态，如管理部门不健全或过于繁杂，各自为政或协调不顺、执行不力等，体制不健全及财政支持不足的现象较为明显。在柬埔寨，职业教育由劳动和职业培训部负责领导和管理，但因其他平行职能部门未履行相应职责，导致职业教育管理不到位。马来西亚的职业教育由不同的部委、机构和组织管理，并由其开展认证、标准制定及课程开发等多种活动，多方提供、多头管理的职业教育缺乏统一的设计与发展路径，导致职业教育发展效率低下。目前，马来西亚职业教育管理仍然缺乏有效的协调统筹，缺乏专门的、独立的监管机构来统筹管理职业教育发展，亟须建立一个统一的制定职业教育发展政策与举措的平台。缅甸职业教育体系亦相当零散，职业教育管理者多、协调者少，缺乏权威的中央机构来统筹协调。目前至少有

13 个部门和许多其他利益相关方参与和负责职业教育，其中教育部负责监管正规教育和数量众多的职业教育机构，其他部门则负责管理非正规职业教育，并通过自行制定的政策和规章制度管理职业教育机构。东盟国家职业教育各自为政的现象突出，政府职能部门不能有效协调，管理分散导致工作难以推进。

（五）职业教育经费不足，基础设施设备落后

东盟诸多国家职业教育资金预算不足，职业教育的公共预算分配不足，中央和地方政府仅小部分预算拨款用于职业教育发展，相比职业教育运作所需的高成本，资金方面的政府统筹管理严重缺位。如柬埔寨、缅甸等国，虽然用于教育（包括一般教育和职业技术教育）的预算拨款大幅度增加，但还远远不够，需要政府、雇主、培训参与者或发展伙伴等职业教育利益相关方提供额外资金支持。因资金短缺，东盟国家职业教育基础设施也严重不足，对职业教育及技术应用的准备程度极低，基础设施陈旧，不符合职业教育不断变化的要求。如印度尼西亚职业院校，由于其购买教育设备的经费不足，无法模拟实际工作环境，严重影响教学质量和教学效果。为了克服这一问题，人力资源管理公司与各行业建立机构合作伙伴关系，联合制造相关的先进设备，但是由于行政和财政方面的限制，合作仍困难重重。其他国家也面临着各种问题，如急需强有力的信息技术基础设施，以促进通信技术和在线学习，从低技术水平逐步过渡到工业 4.0 时代。

三、东盟国家职业教育发展的未来趋势

（一）重塑职业教育形象

职业教育的社会地位低、形象差、参与率低是由多方面的因素造成的，东盟秘书处及各成员国需要将重塑职业教育形象作为职业教育发展的重要行动，通过加大宣传力度、提高公众声誉、加强课程建设、打通发展通道、吸引学生参与、提高技能证书质量、吸引行业企业参与等途径提高职业教育的社会形象与地位，为职业教育发展奠定较为坚实的基础。

首先，加大职业教育宣传力度，提高职业教育的公众声誉。培育家长、青年学生、用人单位、教师、政府机构管理人员等公众对职业教育的积极态度和支持态度，对于职业教育的发展极其重要。各东盟成员国需开展提高公众认识的宣传活动，以提高公众对职业教育的了解和参与度，主要目标是说服更多的年轻人选择接受职业教育（培训）。其次，在高中阶

段提供职业体验和以职业教育为导向的课程，以激励青年学生正确认识和参与职业教育。各国教育部可以通过扩大公立初中学校的职业体验与指导，或在高中阶段引入面向职业教育的课程，让学生及早参与职业教育并了解其重要性，了解职业教育的好处，当学生了解和积极对待职业教育时，选择职业教育的概率就会提高。再次，打通职业院校毕业生发展通道，扩大他们接受继续教育的机会。世界上成熟的职业教育体系已为职业院校毕业生打通了接受继续教育的渠道，包括高等教育的通道，但在东盟各成员国中，目前尚未搭建好此通道。各成员国应积极制定与普通教育通道（学术通道）平行的职业教育通道，直至东盟资格参考框架的第7级，为职业院校毕业生提供更好的职业发展机会，这有助于提高职业教育的形象。最后，提高企业对职业技能证书价值的认可度。因东盟职业教育质量长期以来不高，缺乏实用技能培训和行业领域专家参与的技能评估等原因，职业技能证书一直未获得行业企业的有效认可，其导致的结果是企业与职业教育相互牵制。因此，职业教育的利益相关方，无论是公立院校，还是私立企业，都有责任改变对职业技能证书的认可态度。政府应当把掌握以工作内容为基础的课程作为获得所有技能证书的强制性要求，以确保学生获得必要的技能，在毕业后无须参与在职培训即可上岗。如此可有效区分获得技能证书与未获得技能证书的学生，并逐步加强公司对技能证书及职业教育的信任。

（二）鼓励企业参与校企合作

东盟已意识到企业参与对于职业教育是极其重要的，但目前各成员国企业参与职业教育的状况不佳，亟须工商界和政府通过多种途径共同推进，以激励企业参与并推进校企合作深入开展。

首先，建立表彰制度，激励参与职业教育的优秀企业。尽管面临诸多挑战，东盟各国的部分企业已参与职业教育，不仅促进了企业的发展，也促进了职业教育的发展，为其他企业树立了良好的榜样。目前，多个成员国通过税收减免来提高企业参与职业教育的积极性，对于提供实习或学徒培训机会并支付培训费用的企业，国家给予一定程度的税收减免，但受国家税收政策影响，并非每个国家都能有效实施此项激励。因此，为了肯定这些企业并鼓励更多的企业参与职业教育，各国可建立表彰制度，奖励参与职业教育的优秀企业。

其次，利用大型企业和中小企业的供应链关系，激励企业参与职业教育。中小企业是东盟各国的经济支柱，其数量占东盟区域企业总数的96%。相比大型企业，中小企业规模小、产值低，投入相应的时间和经费开展职业教育与培训相对较难，因此通过供应链关系刺激大型企业参与职业教育更有利于发展。因为大型企业的大部分供应来源于其供应链中的当地中小企业，加强这些企业工人的素质和生产力，有利于其产品质量的提升，从而助力于企业发展。

再次，加强校企合作管理，提升行业企业合作机会。职业教育校企合作需要科学的管理和长效的保障机制，相应的校企合作管理制度和管理队伍必不可少。为了支持学校和企业之间更深入的对话与合作，一旦双方建立关系，就必须进行正规化管理；还可以设立职业教育行业咨询委员会为学校和企业之间定期交流和讨论提供平台。

最后，制定企业和学校合作办学的指导方针，深化职业院校校企合作。东盟已广泛认可企业在职业教育中的重要作用，并已确立在校企合作下开展职业教育的政策框架。已有经验表明，有效的工作场所学习有利于职业教育人才培养质量的提升，学徒制的职业教育培养模式效果显著。目前，有部分职业院校已开展学徒制人才培养，但也有更多的院校尚未启动。对于已开展的院校，政府应积极向所有利益相关方提供适当的指导，以保证学徒制计划的成功实施；对于未开展的院校，政府应做更多的工作帮助其建立和深化校企合作关系。所有东盟成员国均应建立全国范围的学徒计划，并扩大现有的实习、学徒和双元合作的培训计划，同时积极向参与的企业和学生提供更多的指导，有效提升学徒制人才培养质量。

（三）加强人才培养市场相关性

导致东盟职业教育与企业需求相关性不足的因素较多，其中课程、师资及教学设施设备是最为关键的因素。课程须与行业企业发展基本保持一致甚至具有一定的超前性，教师须具有丰富的行业企业经验，企业兼职培训教师须了解教学法，教学设备与学习辅助工具须根据实际不断更新等。

首先，应加强课程建设，提升课程与行业企业需求的相关度。东盟职业教育人才培养不能满足企业需求的关键之处，就是课程内容与教学设施设备过时，教学内容与当前企业生产实际严重脱节。为了更好地满足企业当前对技能人才的需求，培养高质量高素质的劳动力，政府部门应在掌握最新的劳动力市场需求信息的基础上，帮助学校更新课程与设施设备，如教授最新知识和技能，提供更实用的如沟通、团队合作与解决问题等软技能类课程，目前这类软技能类课程相当缺乏。具体而言，应制订更加统一的培训方案，如国家技能标准，具体规定核心技能和知识应达到的标准，要求全国所有职业院校统一参照执行。这将有助于保证国家整体人才培养质量的基本统一性，缓解过去企业招聘中对毕业生所具备知识技能把握不准而导致的招聘难问题。

其次，应加强与激励行业企业专家担任兼职教师。职业院校应从行业企业引进大量经验丰富的专业人员或专家担任兼职教师，这将有利于提高人才培养质量。企业成员组织充分发挥作用，鼓励其成员企业为职业院校推荐合适的专业技术人员和行业专家参与教育教学工作，职业院校对这些专业人员和专家提供教育教学基本培训，同时建立认可、激励与经费补偿机制，保障其长期参与。各国政府需要制定相对宽松的政策，保障行业企业专家从事职业教育教学的基本权益。除聘请行业企业专家担任兼职教师外，公立学校的专任教师也应被允许在私立职业院校担任兼职教师，因私立职业院校相对更缺乏教师，允许公立学校教师在私立学校开设课程实施教学，可有效弥补私立学校教师不足的问题。

再次，应加强职业院校教师的专业能力与行业企业经验。职业院校的专任教师在整个人才培养过程中发挥着至关重要的作用。教师专业能力及行业企业经验决定着人才培养的经济适应性程度。目前，东盟大多职业院校教师缺乏实际的行业企业经验，导致无法为学生提供相应的实践指导。因此，必须通过多种形式加强教师行业企业经验，如实施企业实习方案，派教师到企业工作一定时间；与行业企业的高级专家结对，从专家处了解当前行业发展的前沿动态与最新行业标准等；政府强制要求教师参加培训，如参加由企业团体主办的实践培训，培训与教师执照或教师专业发展挂钩，促使其不断更新行业知识和技能，保障知识技能不落伍；激励教师提升知识储备并采用更加适合的教学方法，如混合教学法，以学生为中心、以项目为基础的教学等方法，改善学校以理论为中心的传统教学模式，提高教学效率。

最后，应加强企业内部培训师的能力建设。企业参与职业教育的其中一种方式，是为到企业锻炼的职业院校教师和学生提供相应的培训。目前诸多企业在提供职业教育培训方面经验不足，尚不具备相应的知识与能力。因此，企业需要加强培养内部培训人员，提高其参与职业教育的知识与能力。企业可聘请技术技能和知识水平较高的专家参与职业教育与培训，系统构建专业知识与能力目标，将其培养成为公司的内部培训师。东盟已制定《东盟企业内部培训师标准》及培训框架，并得到劳工官员的认可。各国负责部委应在参考《东盟企业内部培训师标准》这份区域标准的基础上，与国家的企业组织合作，为企业内部培训师制定国家能力标准，以确保企业内部培训师的区域一致性。

（四）加强统筹政策管理

各国政府对职业教育在管理体制、政策制定与经费支持等方面的统筹规划，有利于职业教育实施框架的确立，特别是行业企业参与的职业教育对政府统筹具有较高的需求。东盟各国亟须制定职业教育发展的长期战略与法律法规，搭建沟通协调平台，完善东盟职业教育的管理体制机制建设，进一步提高管理效率。

首先，应建立由公立和私营部门代表共同参与的职业教育委员会。在东盟诸多成员国中，职业教育管理体制碎片化严重，多个部门参与，但部门之间缺乏协调机制，缺乏一个权威的国家层面的统筹部门。为了推进协调管理，制定统一有效的国家职业教育政策，并使政策得到更有效的落实，各成员国应建立国家职业教育委员会，作为各成员国的全国职业教育中央机构。

其次，应加强公私对话，促进行业企业在职业教育政策层面的合作，通常情况下，职业教育的政策法规与行业企业的相关性不足，但作为职业教育中的重要利益相关者，行业企业有效参与职业教育政策制定至关重要。因此，政府部门应协同行业企业共同制定有关政策法规，关于职业教育的所有政策法规的制定，都应征求行业企业的意见，并在此基础上与行业企业共同制定对国家劳动力资源具有重大和长期影响的职业教育战略和法规。加强行业企业与政府（包括不同政府部门和学校）之间的合作搭建对话平台。

最后，应保障职业教育有充足的经费支持。充足的资金是保证职业教育高质量发展的前提，政府应充分调动与调配资源，加强职业教育的公共预算，并通过其他途径增加经费支持。所有成员国应给职业教育分配年度预算，作为政府年度预算的一部分，向所有公民提供透明的信息。预算分配以国家成本估算为基础，由政府和行业企业共同制定，并设立职业教育基金。由于需要不断投资于新的培训设备，职业教育的成本较高，考虑到技术变革的速度加快，单靠政府很难满足职业学校的最新需求，因此应当加强与行业企业的合作，通过建立国家英才中心汇集公共和私人资源，采用调动行业企业的额外资源的供资模式。此外，应加大职业院校自主权，促使其资金来源多样化。应加大职业院校在预算上的自主权，每所学校确定其预算需求，并从政府和私营机构获得潜在的资金来源，包括企业、非政府组织投资或其他创收。

第三节　东盟国家汉语教育的发展

一、东盟国家汉语教育体系发展的现状

汉语教育在东盟国家也被称为华文教育。东盟国家汉语教育历史悠久，其特色鲜明，成绩斐然。东盟汉语教育形式多样，有业余补习班、家庭式补习班、进修班、全日制教育等教学层次，形成了从小学到大学完整的汉语教育体系，学习人数众多。目前，已有6个东盟国家将汉语教学纳入国民教育体系。

泰国是东盟国家华人较多的国家之一，其政界、商界、学界中绝大多数精英具有华人血统。泰国是第一个将汉语教学列入国民教育体系的国家，拥有从小学到大学各阶段的汉语教育体系，泰国高校重视汉语教育，朱拉隆功大学、法政大学、宋卡王子大学等高校将汉语课程设为主修课，截至2022年4月20日，有超过2 000所大中小学校开设了中文课程，在校学习中文人数逾100万，占整个东南亚在校学习中文人数的60%①。印度尼西亚是全球华人最多的国家，印度尼西亚的汉语教育在1999年才开始解禁，由于当地华人不懈努力，汉语教育得以继续发展，并拥有从幼儿园到大学完备的汉语教育体系。印度尼西亚的汉语教育主要有两种形式：第一种是业余的非全日制、非正规的汉语补习学校（班），这类学校截至2015年年底已有几百所；第二种是纳入印度尼西亚的正规教育学校②。新加坡是以汉语为主的国家，汉语是其官方语言之一，大多数新加坡人都能说汉语，拥有从小学到大学完整的汉语教育体系。马来西亚汉语教育水平较

---

① 透视海外中文热丨泰国推广中文教育，促进对华交流[EB/OL].(2022-04-24)[2024-05-08].https://baijiahao.baidu.com/s? id=1730942442537342119&wfr=spider&for=pc.

② 刘泽彭，陈奕平.华侨华人在国家软实力建设中的作用研究［M］.广州：暨南大学出版社，2018：103.

高，具有从小学到大学完整的汉语教育体系。越南自古以来就与中国有着密切的联系，深受中华文化的影响，汉语教育有着悠久的历史，越南各师范大学都设有中文系，有的大学则开设汉语班，汉语教育在越南不断升温，中文专业成为越南的热门专业。菲律宾华裔人口比例虽然很小，菲律宾语和英语是官方语言，但汉语教育在菲律宾高等教育中有较快的发展，被列为菲律宾高校的必修课程。

东盟正成为亚洲第二大汉语圈。虽然一些国家开设了汉语课程，但只是把汉语作为选修课，未纳入其国民教育体系。缅甸的汉语教学有官办和民办两种形式，汉语教学在缅甸中小学课程体系中至今尚未取得合法地位，缅甸高校中目前只有仰光外国语大学和曼德勒外国语大学设有中文系，缅甸的汉语教育大都是私立、补习性质。老挝、文莱、柬埔寨的汉语教育发展缓慢，处在发展壮大阶段。老挝是东盟国家华人最少的国家，汉语教育规模不大，采用中-老双语教学的方式推广汉语教育。文莱采用马来语、英语和汉语进行多语言教学，文莱的汉语学校设有政府资金支持，在学制、课程等方面没有完全的自主权。柬埔寨汉语教育起步较晚，近年来蓬勃发展。目前，柬埔寨共有56家公办华校在运营，学生约有5万人，成立柬华师资培训中心专门培养本地中文教师①。2022年，中柬共同签署了《关于合作开展柬埔寨中学中文教育项目的谅解备忘录》，标志着中文正式被纳入柬埔寨国民教育体系。东盟国家将汉语纳入其国民教育体系情况详见表3-1。

表3-1 东盟国家将汉语纳入其国民教育体系情况

东盟	官方用语	汉语纳入国民教育体系
泰国	泰语	√
印度尼西亚	印度尼西亚语	√
菲律宾	英语	√
马来西亚	马来语、汉语、英语	√
新加坡	汉语、英语、马来语	√
越南	越南语	√
柬埔寨	高棉语、英语	√

① 广东省人民政府侨务办公室. 柬埔寨华文教育蓬勃发展 56 家公办华校约 5 万学生在读［EB/OL］.（2023-06-14）［2024-05-08］.http://www.qb.gd.gov.cn/whjy/content/post_1070733.html.

表3-1（续）

东盟	官方用语	汉语纳入国民教育体系
缅甸	缅甸语	—
老挝	老挝语	√
文莱	马来语	—

二、东盟国家孔子学院发展现状

由于世界"汉语热"的兴起，汉语国际推广具有较好的发展环境，汉语在世界各地已经成为一种新的必须掌握的语言。孔子学院致力于适应世界人民对汉语学习的需要，增进世界人民对汉语文化的了解，加强中国与世界各国教育文化的交流与合作，发展中外友好关系促进世界多元文化发展，构建和谐的世界。孔子学院的主要责任是加快中国文化走出去，增强中国语言文化的世界影响力，提升中国的软实力。

截至 2024 年 4 月底，全球 154 个国家建立了 563 所孔子学院（课堂），其中亚洲 37 个国家（地区）、170 个孔子学院（课堂）[①]。东盟 10 国共建立了 43 所孔子学院和 16 个孔子课堂，对汉语国际推广发挥着重要的作用。目前，除文莱尚未建立孔子学院（课堂）外，东盟其他国家都建立了一定数量的孔子学院（课堂）。其中，泰国 27 所，印度尼西亚 8 所，菲律宾 5 所，马来西亚 7 所，柬埔寨 3 所，老挝、新加坡各 2 所，越南 1 所，详见表 3-2。

表 3-2　东盟国家孔子学院、孔子课堂数量[②]

东盟10国	泰国	印度尼西亚	菲律宾	马来西亚	柬埔寨	老挝	新加坡	越南	缅甸	文莱
孔子学院数量	16	8	5	6	3	2	2	1	0	0

---

① 孔子学院. 孔子学院全球网络［EB/OL］.（2024-04-30）［2024-05-08］.https://www.ci.cn/qqwl.

② 孔子学院. 孔子学院全球网络［EB/OL］.（2024-04-30）［2024-05-08］.https://www.ci.cn/qqwl.

表3-2(续)

东盟10国	泰国	印度尼西亚	菲律宾	马来西亚	柬埔寨	老挝	新加坡	越南	缅甸	文莱
孔子课堂数量	11	0	0	1	0	0	1	0	3	0

三、我国高校对东盟国家汉语教育发展现状

文化是高等教育的根本属性，高等教育自身是文化的一部分，它承担着人类优秀文化的传承、传播以及创造先进文化的使命。我国高校积极实施"走出去"战略，大力开展国际交流与合作是高等教育国际化发展的一个重要趋势。孔子学院是中外合作建立的非营利性教育机构，即中方高校与外方高校共同承担孔子学院建设。在中国与东盟国家共建的59所孔子学院（课堂）中，从中国高校所在省区直辖市的分布来看，广西有4所高校建立了8所孔子学院（课堂），福建有3所高校建立了8所孔子学院（课堂），云南有4所高校建立了5所孔子学院（课堂），天津有3所高校建立了5所孔子学院（课堂），河北、江西分别建立了3所孔子学院（课堂），北京、上海、陕西、重庆分别建立了2所孔子学院，广东、江苏、山东、湖北、湖南、海南、浙江、甘肃、四川、河南分别建立了1所孔子学院，详见表3-3。广西与福建因其与东盟的地缘优势，在壮大孔子学院建设，推动东盟国家汉语教育发展中做出了突出的贡献。随着共建"一带一路"的实施，汉语教育发展迎来了新的历史机遇，被赋予了新的时代内涵。天津、海口、厦门积极发挥沿海港口城市的优势作用，积极推动"21世纪海上丝绸之路"建设，在"一带一路"海上支点和前站国家构筑民心相通的国际汉语教育平台。近几年，中国与东盟国家在经贸、文化、教育等方面的交流与合作越来越密切，推高了"汉语热"的浪潮，强劲地推动着东盟国家汉语教育的发展。

表 3-3　我国高校合作东盟国家建立孔子学院情况①

省区直辖市	我国高校	东盟国家	孔子学院
广西 (8 所)	广西民族大学	泰国	玛哈沙拉坎大学孔子学院
		老挝	老挝国立大学孔子学院
		印度尼西亚	丹戎布拉大学孔子学院
	广西师范大学	泰国	宋卡王子大学孔子学院
		印度尼西亚	玛琅国立大学孔子学院
		越南	河内大学孔子学院
	广西大学	泰国	川登喜大学素攀孔子学院
	桂林电子科技大学	柬埔寨	国立马德望大学孔子学院
福建 (8 所)	厦门大学	泰国	皇太后大学孔子学院
		菲律宾	菲律宾大学孔子学院
	福建师范大学	菲律宾	红溪礼示大学孔子学院
		印度尼西亚	阿拉扎大学孔子学院
	华侨大学	缅甸	福星语言电脑学院孔子课堂
		菲律宾	达沃雅典耀大学孔子学院
		泰国	农业大学孔子学院
			普吉中学孔子课堂
云南 (5 所)	大理大学	泰国	海上丝路·帕那空皇家大学 孔子学院
	云南师范大学	泰国	清迈大学孔子学院
		缅甸	东方语言与商业中心孔子课堂
	昆明理工大学	老挝	苏发努冯大学孔子学院
	云南大学	缅甸	福庆语言电脑学校孔子学院

---

① 孔子学院. 孔子学院全球网络 [EB/OL]. (2024-04-30) [2024-05-08]. https://www.ci.cn/qqwl.

表3-3（续）

省区直辖市	我国高校	东盟国家	孔子学院
天津 （5所）	天津师范大学	泰国	曼颂德昭帕亚皇家师范大学孔子学院
			海上丝路孔子学院
			吉拉达学校孔子课堂
	天津科技大学	泰国	易三仓大学孔子学院
	天津中医药大学	泰国	华侨崇圣大学中医孔子学院
河北 （3所）	河北大学	马来西亚	彭亨大学孔子学院
	华北水利水电大学	马来西亚	砂拉越科技大学孔子学院
	河北师范大学	印度尼西亚	玛拉拿达基督教大学孔子学院
江西 （3所）	南昌大学	印度尼西亚	哈山努丁大学孔子学院
			乌达雅纳大学孔子学院
	江西九江学院	柬埔寨	柬埔寨皇家科学院孔子学院
北京 （2所）	北京外国语大学	马来西亚	马来西亚大学孔子汉语学院
	北京大学	泰国	朱拉隆功大学孔子学院
上海 （2所）	华东师范大学	马来西亚	马六甲培风中学孔子课堂
	上海大学	泰国	宋卡王子大学孔子学院
陕西 （2所）	西北大学	菲律宾	布拉卡国立大学孔子学院
	西安电子科技大学	马来西亚	西电马来西亚深斋孔子学院
重庆 （2所）	西南大学	泰国	孔敬大学孔子学院
	重庆大学	泰国	勿洞市孔子学院
广东	中山大学	菲律宾	雅典耀大学孔子学院
江苏	南京工业职业技术大学	柬埔寨	柬华理工大学孔子学院
山东	山东大学	新加坡	南洋理工大学孔子学院
湖北	华中师范大学	印度尼西亚	泗水国立大学孔子学院
湖南	长沙理工大学	马来西亚	沙巴大学孔子学院
海南	海南师范大学	马来西亚	世纪大学孔子学院
浙江	温州大学、温州医科大学	泰国	东方大学孔子学院

表3-3(续)

省区直辖市	我国高校	东盟国家	孔子学院
甘肃	兰州财经大学	新加坡	新加坡丝路孔子学堂
四川	西华大学	印度尼西亚	三一一大学孔子学院
河南	信阳师范大学	印度尼西亚	巴陵康孔子学院

第四节　东盟国家高等教育的国际化

一、东盟国家高等教育国际化总体情况

高等教育国际化通常是指跨区域、跨国界、跨民族、跨文化的高等教育交流与合作，即一个国家面向世界发展本国高等教育的思想理论、国际化活动及与他国开展的相互交流与合作。其根本目的在于培养出在思想、知识和技能方面对本国和对世界都能有所了解，在国内和国际上都具有竞争能力的人才。其主要内容包括三方面：一是教育目标的国际化，实际上就是培养面向世界的通用人才；二是教育内容的国际化，主要指专业设置和课程内容的国际化；三是教育合作的国际化，主要包括师生互换、学分转换、学位等值、学者互访、国际联合办学、合作研究和举办学术会议等。

高等教育国际化既是历史进程，也是发展趋势。它的形成和发展除了依托国际环境的支持外，最主要的还要依靠各国之间所开展的合作与交流。这种合作与交流是广泛的、多层次、多形式的。目前，发达国家逐步改变了以对外无偿援助为主的吸引留学生的政策，高等教育的国际交流有朝着教育贸易方向发展的趋势。例如对发展中国家的留学生在学费等方面不再予以特殊照顾，并终止大部分发展中国家的无偿教育援助计划和项目。这实际上是留学生教育的主体发生了变化，过去主要是政府行为，而现在主要是依靠市场。发达国家鼓励本国的教育机构和高等院校参与国际留学生市场竞争，扩大影响，赚取学费。这种教育贸易方式刺激了办学机构的积极性，加快了留学生数量的增长，成为高等教育国际化的一种新动力。根据经合组织《国际化与高等教育贸易：机会与挑战》一书的定义，亚太地区跨境教育可分为五类型（见表3-4）。

表 3-4　亚太地区跨境教育分类

分类	特点	国家或地区
跨境能力强、教育输入略弱的发达国家	以贸易为中心，英语语言教育打造出国潜在国际市场	澳大利亚、新西兰
跨境能力强、教育输入也很活跃的发达国家	语言限制了输出功能，然而日本依然是一个教育输出大国。非贸易目标主导政策方针	日本、韩国
输出与输入均活跃的、跨境能力不强的发达或发展中国家与地区	主要市场供给国家与地区。教育输出与输入主要以英语为主。贸易与政策结合，聚焦于知识经济建设	新加坡、中国香港、中国台湾、马来西亚
教育输入活跃、跨境能力不强的发展中国家	主要市场供给国，主要使用英语语言教学。	越南、菲律宾、泰国、印度尼西亚、斯里兰卡、马来西亚、印度、孟加拉国
教育输入需求较弱、高等教育参与程度低的不发达国家	随着发展步伐，这些国家将进入第四组	老挝、柬埔寨、缅甸、新几内亚岛、小岛国

由表 3-4 可见，与第一、第二类型国家不同，东盟 10 国高等教育国际化能力还处于比较弱势的阶段。其跨境能力不强，教育输入也不很活跃。新加坡和马来西亚处于第三类型，马来西亚也可归属于第四、第五类型。比较而言马来西亚和新加坡是东盟国家的领先者，都较早就积极采取措施促进高等教育国际化。马来西亚在 20 世纪 80 年代以前是世界屈指可数的留学生派出国，自 20 世纪 80 年代后期以来，由于留学经费削减，开始启动马来西亚著名的联合人才培养项目——大学基础课程在马来西亚学习，后半段的专业课程在欧美国家大学学习，学习者可取得两所大学的学位。另外，马来西亚还允许多所澳大利亚和英国大学在其国内设立海外分校。近年来，它又开始致力于接收来自东盟国家和中国的留学生，雇佣外籍教师。

第四类型国家是越南、菲律宾、泰国、印度尼西亚和马来西亚，均积极开发高等教育国际化潜力。以新加坡最为典型，它们都非常重视英语语言教学，都具有很强的国际化倾向。比如，经济发展很快、具备较强的教育购买能力。国家之间的文化纽带也是促使这些国家高等教育国际化迅速发展的重要因素。东盟有些国家现在仍保留着与其前宗主国相同的教育制度，学校教育制度是模仿宗主国的教科书绝大部分是英文的，教学语言也是英语。例如，新加坡过去曾是英国殖民地，其现行的中学会考和大学入学考试仍采用牛津、剑桥的试卷。另外，这些国家政府都积极寻求跨境、跨国教育的契机，如吸引外国学生到本国学习等，其目的就是想增加高等教育收益。

二、东盟各国高等教育国际化情况

（一）菲律宾高等教育的国际化

进入 21 世纪以来，菲律宾高等教育面临新的挑战和机遇。随着国际化浪潮的席卷，东盟各国都把高等教育国际化作为本国高等教育发展的一项重要战略方针。为推进高等教育的国际化进程，各国都努力提高本国高等教育质量，加强高等院校能力建设，增强大学的国际吸引力。菲律宾高等院校及教育机构顺应全球化的趋势，加强与其他国家的教育交流和合作。

菲律宾高等教育国际化的一个鲜明特点是英语普及率很高，无论公立还是私立高等院校，很多学校都提供全英语课程。美国殖民时期确立的公立教育系统奠定了英语在整个教育中的地位，作为发展中国家，菲律宾的消费水平相对较低，这两者相结合使得菲律宾能够提供相对优质的国际化课程。

菲律宾高等教育体制受美国教育体制影响较深，加之英语教学历史较长，使得其高等教育课程国际化发展具备先天优势。近年来菲律宾政府通过出台一系列政策加强与他国高等教育交流，推动与国外高校学分课程互认等措施，促进了菲律宾高等教育课程国际化的发展。此外，菲律宾为本国学生设立学生国外实习计划和出国留学项目。例如，2011 年高等教育委员会出台交换生实行学分转换的规定，制定了校际交换和双联学位以及跨国教育项目的政策与准则。

菲律宾大学不仅是东盟大学联盟的创始学校之一，还是唯一一所加入"环太平洋大学联盟"的菲律宾高校、唯一一所加入"东盟-欧盟大学联盟"的菲律宾高校，与 16 个国家和地区的 53 所大学拥有合作伙伴关系。德拉萨大学是世界大学国际化组织成员、东盟大学联盟成员、中国-东盟学术合作交流组织成员。这三所大学是菲律宾国内顶尖的高等教育学府，也是高等教育国际化发展最好的大学。

国际化对菲律宾高等院校国内和国际的课程也有重大影响，促进菲律宾一流大学（如菲律宾大学、德拉萨大学、雅典耀大学、圣托马斯和亚太大学等）积极发展成国际高等教育研究中心，如菲律宾大学的亚洲研究课程、中埃斯科拉大学的东南亚研究课程、米里亚姆学院与德拉萨大学的美国研究课程、爱特诺德马尼拉大学的中国研究课程。这些大学在初期开展的研究工作最终目的是为学生提供国际课程。近年来，这些大学主要开展以下方面的研究：东南亚研究、日本经济研究、欧洲研究、中国经济研究、国际贸易研究。其开设的课程包括商务、社会科学和经济、文化、历史和政治等。

在师资国际化方面，菲律宾高等教育主要体现在支持教师赴国外深造教师流动上，菲律宾鼓励教师赴国际一流大学进行深造与学术交流同时近年来也有越来越多的外籍教师赴菲律宾进行交流学习。根据联合国教科文组织的报告，菲律宾的教师参与国外交换项目较为普遍，尤其是从事国际研究、科技、工程、工商管理等类专业的教师经常能获得国外教育机构提供的担任客座教授和访问学者的机会教师国际化的最大动力来自亚太经济合作组织人力资源开发技术工作小组，该小组首次提出"教师出国计划"，即派遣优秀的教师到亚太经合组织成员进行短期交流，该计划鼓励教师到国外一流的大学学习交流。随着学术交流合作谅解备忘录的签订，菲律宾与中国也开展了学术交流合作的项目。

在菲律宾的资助下，其他国家也选派教师来菲律宾交流深造，如缅甸、东帝汶等都曾选派教师到菲律宾接受研究生课程学习以及开展相关合作项目。菲律宾的东南亚农业研究中心（SEARCA）向成员国提供研究生阶段的农业课程。菲律宾大学、马尼拉安德雷尔大学、德拉萨大学与日本、澳大利亚、欧洲和美国的大学也开展了一些科研合作项目。

（二）柬埔寨高等教育的国际化

自 20 世纪 90 年代内战结束以来，柬埔寨得到中国、法国、美国、日本、韩国和联合国教科文组织、亚洲开发银行和世界银行等大量的经济援助以及教育援助。自 1990 年 4 月加入东盟后，柬埔寨积极借鉴本地区其他国家的经验，加强、扩大地区间的合作，进而建立多重学术交流和合作关系，如与不同国家签订学位文凭和证书对等双边协议，不断加强国际教育教学研究。

1995 年，联合国教科文组织和世界银行联合成立了柬埔寨高等教育专家组，为其制订改革和发展高等教育的计划，包括改革高等教育办学模式和高等教育体系，改革集权制教育体制和扩大高等教育规模，整顿高等教育教学、提高教学质量和学术水平。

目前，柬埔寨少数高等院校具备参与国际高等教育领域的能力。金边皇家大学为提升国际化水平，通过学生交流计划、外语培训、学术和行政人员交流计划、参与国际学术交流的方式与全球其他大学开展交流合作。2019年，金边皇家大学与中国、欧洲和美国的大学建立了新的国际合作伙伴关系。柬埔寨理工大学于2020年和巴黎综合理工学院签署学生交流协议，并在2015—2016年共派遣了近百名师生到巴黎综合理工学院进行学习交流。

（三）老挝高等教育的国际化

老挝高等教育的国际化发展起步较晚，在1990年后发展较快，政府为争取国际资源与不同的机构开展合作。

2010年，在亚洲开发银行的支持下，老挝启动了加强高等教育计划，该计划支持课程、教材方面的建设，完善质量保障，推行认可学分制度加强公立大学教师教学能力，改善教学环境，加强教育区域间合作和国际合作。老挝国立大学、占巴塞大学、苏发努冯大学在教师交换、学生培养、联合研究等方面与其他国家大学进行合作。以老挝国立大学的国际化为例，目前该校是东盟大学合作的成员之一，参与了东盟大学质量保障委员会，同时也是东盟大学工程教育发展协会的成员。

老挝教育部通过进行高等教育学历和学位认可的评估改革，希望在学历、学位证书认可方面与国际上取得一致。2003年，老挝政府正式批准了地区间资格证书认可的协议并开始执行。

目前，中国、日本、韩国、法国、泰国、越南等国家已经向老挝国立大学开放了多个奖学金项目。2014年，"中国大使奖学金"由中国驻老挝大使馆设立，每年设置50个奖学金名额，目的是资助老挝国立大学品学兼优的贫困学生来华留学，希望获得该奖学金的学生把实现自己的梦想与实现国家的梦想紧密结合起来，努力拼搏，为中老友好世代相传、发扬光大而努力贡献自己的力量。

（四）马来西亚高等教育的国际化

在马来西亚政府于2007年颁布的《国家高等教育战略计划2001—2010》中，提到高等教育国际化改革是国家的一项战略任务。2011年7月，政府又针对马来西亚高等教育国际化活动发布政策报告，即《2011年马来西亚高等教育国际化政策》，该报告包含了推动国际学生流动、促进教学人员国际流动和课程项目的国际化要求。

近年来，无论从学生输出方面还是或接收国际学生方面，马来西亚的高等教育国际化都在迅速发展。2007年，无边界高等教育观察组（Observatoryon Borderless Higher Education，OBHE）颁布的关于全球国际学生流动模式和趋势的分析报告中显示，高等教育留学市场（学生输入）除美国、英国、澳大利亚、日本、加拿大等传统留学目的地外，中国、马来西亚和新加坡的留学市场已经逐步开始扩大。

在课程与学位的国际合作方面主要包括学分转换课程、双联课程和远程教育课程。学分转换课程（Credit Transfer Programme）的形式最早出现在20世纪80年代。1983年，伯乐学院与美国的布劳沃德学院签订学分转换协议。学分转换课程是指马来西亚本土高等院校与国外大学校签订协议，学生可以在马来西亚本土学习指定的、受认可的课程，课程结束后可以向签订协议的国外大学申请入学资格，完成相应的学位课程学习和规定的学分后获得国外大学的学位证书。

双联课程（Twinning Programme）模式出现于20世纪80年代中期，许多学生希望获得国外大学的学位，但由于经济原因无法负担出国留学的费用，一些私立高校就此与国外大学签订双联课程合作协议，提供国外大学的学位。双联课程包括"1+2"和"2+1"形式，即学生在马来西亚学习一年或两年，随后到国外的合作大学继续学习两年或一年的时间，完成学业后，学生将获得国外大学的证书。马来西亚城市学院、伯乐学院、万达学院、英迪国际大学学院等众多私立高校都与英国、澳大利亚、美国等大学开办了双联课程。在这一时期，学分转换课程与双联课程最大的区别在于，学分转换课程的学生无须到国外大学上课，且由于一所本土高等院校可以和多个国外大学签订学分转换协议，学生可以在众多国外大学和课程间自由选择。

远程教育课程（Distance Learning Programmer）是指学生需要在国外大学注册，由马来西亚当地高等院校提供辅导课程，学生主要通过电视、网络等平台接受教学，无须固定场所，毕业后获得国外大学的认可。学习方式主要是自主学习，辅导教师偶尔和学生安排面对面授课或者讨论。远程教育课程扩大了教育对象，为在职人员提供了学习机会。目前，马来西亚的两大远程教育虚拟大学是马来西亚开放大学和敦拉萨虚拟大学。

除了课程合作，马来西亚也积极寻求国际合作开设分校，朝着两个方向发展，即国外大学在马来西亚建立分校和马来西亚本土大学在国外设立分校。1996 年，马来西亚政府颁布的《私立高等教育法》允许符合条件的国外大学在马来西亚开设分校。1988 年，澳大利亚莫纳什大学在马来西亚开设的分校成为马来西亚引进的第一所国外大学分校。截至 2023 年年底，共有 10 所国外大学在马来西亚建立分校，其中 5 所来自英国（诺丁汉大学、迪蒙特福特大学、纽卡斯尔大学医学院、南安普顿大学、赫瑞瓦特大学）、3 所来自澳大利亚（莫纳什大学、科廷科技大学、斯威本科技大学），还有两所分别来自中国（厦门大学）和爱尔兰（爱尔兰皇家外科医学院与都柏林大学学院）。马来西亚高等教育也积极走出国门，在国外建立自己的分校，这些分校主要分布在亚洲国家，涉及计算机、工商管理、工程等学科专业，如斯特雅国际大学学院（孟加拉国）、亚太科技学院（巴基斯坦、印度、斯里兰卡、澳大利亚）等。

（五）缅甸高等教育的国际化

缅甸的高等教育起源于英国殖民统治，保留了一定的国际化传统，如重视英语教育。从 1885 年缅甸沦为英国殖民地到 1948 年缅宣告独立的半个多世纪，英国殖民者把其意识形态强压给缅甸，强迫要求英语课必须是学校课程之一。独立后的缅甸保留了这一传统，一直强调英语教育以增强与其他国家的交流及促进本国社会经济的发展。1981 年，为提高教育的整体水平，英语再次被定为一门必修课，从幼儿园教起。在缅甸全社会，英语学习氛围较为浓厚，每个学习阶段都需要学习英语，缅甸国家电视新闻还采用缅甸语、英语双语播出，国家主要报纸也是缅甸语、英语两种文字印刷出版。通过营造良好的英语环境，以激发缅甸学生学习英语的积极性。

缅甸高等教育较为落后，对国际交流人才的培养造成了很大的影响，数量严重不足，质量也不高。国际组织或机构在缅甸注册手续繁杂，通常要几年的时间，许多组织只能通过短期的商务或旅游签证不停地往返于其他国家，来增加驻缅时间，否则无法长时间停留在缅甸。缅甸还没有足够支撑国际学术交流合作的条件，大多数大学没有设立专门负责国际交流和研究的机构。外国学者很难获得访问邀请，只有少量的外籍教师能够获得机会在缅甸停留较长时间；另外，也只有外语大学有少量的国际学生。缅甸独立后到 1988 年才开始实施改革开放政策，国家经济实力不足等因素一直影响着缅甸教育事业的发展。尽管近几年来缅甸的教育事业相比过去有所发展和进步，但由于高等教育的国际化发展还不够，教育对外交流与合作还是比较有限的。

在留学政策方面，缅甸支持学生申请国际组织和目标国家提供的留学奖学金，如美国国际开发署设置的林肯留学奖学金。

受整体国际化发展及各个高等院校国际化水平的制约，缅甸的留学政策并不健全，但很多大学还是努力推进国际化发展的。以仰光大学为例，2017 年开始设置国际合作办公室，主要负责联络和协调学校所有的国际活动，安排国际来访，为合作协议提供咨询，筹备申请国际项目（如欧盟委员会制订的伊拉斯谟世界计划），以及国际学生招生宣传，筹划奖学金项目、交换项目，为国际学生入学提供咨询和服务等。仰光大学还规定国际学生的入学要求为：申请人必须是缅甸认可大学或相关研究单位的毕业生，并且必须有至少三年的工作经验，同时须参加本校入学考试。

（六）泰国高等教育的国际化

21 世纪开启了各国全球化的新纪元，泰国也将高等教育国际化摆在了教育发展的战略地位，在培养各领域具有国际水平人才方面采取了积极措施。

20 世纪 90 年代初，泰国政府设立了专门的高等教育委员会，对大学的各项事宜进行管理和决策，为泰国高等教育与国际接轨创造了机会。泰国高等教育在行政体制上与法国相似，在院校设置上与英国相似，在组织结构上则与美国相似，因此泰国高等教育国际化分别融合了法国、英国和美国的先进高等教育理念。在招生就业、课程安排、师资培训方面与发达国家进行长期交流，再结合本国经济、政治、文化等各方面实际情况积极推行改革，探索适合本国教育的管理模式。

课程国际化是泰国高等教育国际化的重要特点和内容，也是高等教育国际化的必然要求。国际化的课程主要面向国际学生，大多采用英文授课形式。高等院校充分考虑到国际化课程的广泛延展性，结合一些国际学生本国的文化传统、风俗习惯等因素，设计了实用性、专业性和国际性较强的课程。一些大学还利用互联网的便捷来实现高等教育信息资源的共享，一方面向东南亚国家输送课程，另一方面也向其他发达国家学习课程管理经验以及课程内容。比如，澳大利亚为泰国提供很多网络课程，有些高校直接使用哈佛、耶鲁等名校的教材来教学，本科生和研究生都有此类课程。

泰国也注重办学模式的国际化，即开展合作办学、远程教育和虚拟大学等。合作办学是一种双赢的合作模式，双方可以互相学习对方的先进办学理念和教学经验，同时还有机会将自己国家的办学特色推向世界，从而获得更多的关注，提高高等教育的国际化程度。远程教育可以通过互联网对学生进行实时讲授，交流讨论，打破了传统教学的时空限制。虚拟大学主要通过网络办学的方式，向某些社会群体提供相关专业课程，提高教育资源的共享程度，提升全社会的整体文化水平和综合素质。国外分校则是针对一些知名度较高的学校，通过在国外建立分校进一步提高自己的国际影响力。

（七）文莱高等教育的国际化

在教育资源上，文莱的大学凭借丰厚的薪资吸引了一批国外优秀的大学教师，主要来自英国、澳大利亚、新加坡、马来西亚等，从而为高等教育的快速发展奠定了基础。

在学生国际化方面，文莱高等院校通过提升教育水平，采用多样化教学模式，建设世界一流设施，设立国际学生奖学金等方式吸引国际学生到文莱学习。同时国家财政也对出国留学大力支持，以促进学生流动。

文莱高等院校一直重视与国外大学进行教育合作，目前与其教育合作的国外大学有英国谢菲尔德大学、肯特大学、格拉斯哥大学和斯特拉斯克莱德大学等。与国外大学进行联合办学也是文莱高等院校进行教育合作国际化的一个重要手段。2004年，文莱大学医学院同英国伦敦大学圣乔治医学院签订了谅解备忘录，开设了面向初级卫生保健专业理科硕士课程和面向从事临床医学医师的三年期在职硕士课程。2012年，文莱大学与浙江大学签署了合作备忘录，浙江大学帮助文莱大学开设化学工程专业课程，为文莱国民经济支柱产业——油气产业培养专门人才。

同时，文莱高校也重视文莱学生留学国外以及国际学生来文留学政策的完善。一方面，本国公民中学毕业后，通过考试达到一定水准，可到国外上大学政府提供来回（包括假期回国）的交通、食宿、医疗、书本甚至服装等的费用。另一方面，文莱通过建立世界一流的教学设施、设立奖学金等形式吸引国际学生到文莱学习。针对不同类别的学生，文莱政府设置了不同的奖学金类型。这些奖学金除了包括政府承担的学费，还包括医疗、住宿、书籍食品、个人开支以及补充医疗的助学金。

文莱大学在 2011 年发起 Global Leadership Summer School 项目，侧重培养学生的领导力，旨在为国际学生提供一个在文莱体验学习生活的机会。项目以"发现文莱"为主题，内容包括前沿科技讲座和知名学者研讨等，该项目吸引了来自西安交通大学、香港科技大学、香港中文大学、伦敦国王学院、东京外国语大学等大学的学生参加。

（八）新加坡高等教育的国际化

新加坡国际化办学战略主要包括办学目标国际化、课程体系国际化、师资生源国际化和教育合作国际化。

对于办学目标国际化，新加坡的三所综合性大学——新加坡国立大学、南洋理工大学和新加坡管理大学都瞄准了国际化的办学目标，努力成为世界级大学。新加坡国立大学的目标是"成为蜚声海内外的综合性教学和研究机构"。在 2005 年百年校庆上，时任校长施春风提出，要在 20 年内跻身世界前 10 所顶尖大学之列，成为第一所名列世界前十的亚洲大学。南洋理工大学立志"成为一所卓越的全球科技大学"。新加坡管理大学的办学目标是"成为享誉国际的顶尖研究和教育学府"。

在课程体系方面，为适应国际化的要求，新加坡各高校都对课程进行了调整：坚持以英语为主的双语教学、开设培养学生国际意识和全球观念的国际性课程、吸收美国的学分制和选课制，等等。

新加坡建国之初提出了"双语政策"：将英语作为第一语言，作为接轨世界及整合族群的工具，以英语为主的双语教学便于使课程更好地将东西方文化融为一体。新加坡是应用英语最为普遍的亚洲国家，较高的英语水平使他们在吸收西方信息时毫无语言障碍。英语的广泛使用也是新加坡吸引国外学者和留学生的最为明显的优势，借助英语的便利，新加坡大力向国外招揽人才，促进新加坡的人才流动。

新加坡高校纷纷开设国际性课程。新加坡国立大学要求教师根据世界前沿、尖端课题的研究，不断更新教学内容。南洋理工大学则开设了国际建筑管理、国际商务、关于中国研究等许多课程。新加坡管理大学也开设了跨国管理、亚洲经济发展、亚太经济变化等课程。

20 世纪 90 年代以来，新加坡各高校逐渐采用美国式的选课制和学分制，这增加了学生选择课程的自由度，同时为学生可以到国外学习交流及承担特别的计划提供了机会。比如，南洋理工大学推出了"全球暑假学习计划"，南洋理工大学的学生在5—7月放假期间，可以前往国外大学学习，这样可以使学生积累国外学习经验，也拓展了大学在全球的影响力。

在师资方面，为了提高大学师资队伍的质量，新加坡政府优化移民条件，提供高薪高福利，建立优质研究所和先进实验室等吸引国外知名学者。他们积极推行两个重要项目：李光耀博士后奖学金项目和李光耀杰出访问学者项目。前者为了吸引学者来新加坡进行科学、技术和商业的研究，后者为了邀请国际知名学者协助新加坡高校进行科学研究。各个高校也建立自己的人才引进机制。从新加坡高校的总体情况看，其师资国际化程度非常高。对于生源，新加坡政府以提供政府津贴、奖学金、低息贷款和其他的特别资助计划方式来吸引国际学生。新加坡政府于2002年颁布了《环球校园计划》（Global Schoolhouse Project），通过引入国外知名高校到新加坡合作办学或开设分校，树立新加坡的高等教育品牌，将新加坡打造成为一个具有国际影响力的"环球校园"，以达到吸引自费国际学生到新加坡留学的目标。

教育合作方面，新加坡各高校十分重视高等教育的交流和合作，不断吸收国外的专业知识技能，从而提高自己的国际地位。他们通过多种方式来加强国际交流和合作，包括设立国外分校、开展师生校际交流、开展国际合作项目等。

新加坡各高校积极在国外开设分校。以新加坡国立大学为例，第一所国外分校于2001年在美国硅谷成立，随后在费城、上海、斯德哥尔摩慕尼黑和多伦多等多个城市建立分校。为了让学生有机会接触中国创业城市，2019年在有着"世界制造业中心"称誉的深圳新建了一所分校。在国外分校就读的学生一方面在合作院校学习与创业相关的课程，另一方面也到当地高科技公司实习以积累丰富的实战经验。

为培养具有国际交流能力的高素质人才，新加坡各高校都开展了丰富多彩的学生交流活动。新加坡国立大学已经形成非常成熟的交换学生制度，每年接收的国际交换生和赴国外大学进修的学生都达到数百人。南洋理工大学推出了五大"全球教育项目"，推进学生的国外学习和交流计划，为学生提供独特的多国学习、工作机会。新加坡管理大学也为学生提供了与全球100多所大学协作的国际交流活动。

（九）印度尼西亚高等教育的国际化

印度尼西亚高校与国外高校交流合作的主要方式是向国外派遣留。由于印度尼西亚高等教育发展相对较晚，师资力量薄弱，不能满足需求，为了提高教学质量，国家设立了留学奖学金，派遣高校教师出国攻读硕士、博士学位，每年都会向澳大利亚、美国、新加坡等国派遣大量教师进行师资培训，以增加拥有博士学位的教师数量。在发展和培养自己的教师队伍的同时，印度尼西亚也努力引进优秀的国外教师。

2012 年，印度尼西亚第 12 号《高等教育法案》出台，其目的是赋予高等院校在学校管理、课程设置和资源利用方面拥有更大的自主权。该法案还鼓励国外大学在印度尼西亚办学，以促进教育国际化，但要遵守五点要求：一是在印度尼西亚特定地区办学；二是开办印度尼西亚没有或极少开设的专业；三是与印度尼西亚本地高校合作；四是应同时开设印度尼西亚本地课程，如印度尼西亚语宗教及国民教育等；五是应以非营利性高等教育机构为载体。

（十）越南高等教育的国际化

越南国际化办学战略主要包括办学目标国际化、课程体系国际化和教育合作国际化。

在办学目标方面，2005 年越南提出 2006—2020 年全面改革高等教育体制的战略，强调高等教育改革应与越南的社会经济发展战略相适应，并满足国内高技能劳动力和国际经济一体化的需求，到 2020 年建成若干所世界一流大学。

为了实现上述目标，越南政府制定了关于高等教育国际化的一系列具体政策。首先，政府执行国际协定和承诺，制定国际一体化和提高高等教育竞争力的战略；其次，开设以英语为教学语言的课程，吸引国际学生，学习世界高级课程，与国外大学达成学位等值协议，鼓励联合项目和师资交流，促进越南侨民回国，增加留学项目；最后，在跨境高等教育方面，政府致力于为国际投资者和世界一流大学在越南开设国际分校或与当地大学合作创造条件和机制。

在课程体系方面，近年来，越南加强与其他国家和地区合作，建设了为学生提供结业证书或学位证书的多个合作课程，合作课程和双学位人数迅速增加。

第一，引进或移植国外课程。从 2007 年开始，获越南教育部经费资助，河内科技大学在美国伊利诺伊大学香槟分校帮助下，整体引进其化学课程体系，后将之推广到越南其他大学。同样，美国布法罗大学机械和航空航天工程学院在越南中部的太原科技大学开设了机械工程本科课程，新课程建设采用布法罗大学设计及设施标准，双方人员交流密切、加强过程沟通同时在美国布法罗大学的帮助下，太原科技大学新标准机械工程课程获得了美国工程技术董事会的认证。其他例子还包括波特兰州立大学和胡志明科技大学建立合作关系共同开发计算机科学课程；越南国立大学与维也纳医科大学共同开发了综合医学课程。

第二，引进本科和硕士学位课程。除了与国际教育机构合作开发课程，越南教育部还积极引进国际化学位课程，其中美国为越南高校提供国际合作学位课程最多，如休斯敦社区学院与西贡科技大学共同启动了6个两年学制的应用科学合作学位；夏威夷大学和越南国家大学于2001年共同打造工商管理硕士学位课程；胡志明市国家大学与休斯敦明湖大学、休斯敦大学、密苏里圣路易斯大学、杜鲁门州立大学等12所公立大学合作开设了"2+2"本科学位。同时河内国家大学获得了新罕布什尔南方大学提供的英语作为第二语言教育硕士课程。此外，还有许多其他国际学位课程采取"2+2"或"1+3"双学位培养模式，如与澳大利亚国立大学的合作。

同时，为使本国高等院校课程能与高等教育国际化接轨，越南教育部选定17所大学与国外大学建立合作伙伴关系，共同研究和开发新课程，主要瞄准国家工业所需的重要科技领域。课程开发与培训项目资金部分来自世界银行和亚洲开发银行援助。越南还引入外资企业投资参与高等教育，积极鼓励外资企业参与教育合作领域。例如英特尔公司在越南教育部支持下设立专项奖学金以资助学生出国求学；英特尔越南分公司在越南6所大学设立了200万美元的奖学金，每年选择40名主修电子工程和通信技术且成绩优异的大三学生到美国太平洋大学学习两年，实行"3+2"教育模式，学生学成毕业回国后进入英特尔越南分公司工作。

第四章　面向东盟高等教育国际化的
发展动向分析

随着我国与东盟国家联系与交往的日益密切，双方之间的国际合作与交流正逐渐从政治、经济、文化层面跃升到教育层面，高等教育国际化已成为双方进一步深化合作与交流的突破口，发展面向东盟高等教育国际化是顺应时代要求的举措。因此，本章旨在分析面向东盟高等教育国际化的发展动向，包括现状、问题、面临的机遇及挑战等。

第一节　面向东盟高等教育国际化的现状与问题

一、面向东盟高等教育国际化的现状

（一）面向东盟高等教育国际化的特点

1. 教育合作与交流不断深入

随着中国与东盟各国关系的友好发展，再加上东盟自由贸易区的成立，中国与东盟各国在多个领域的交流逐渐加深，特别是在教育领域的合作与交流不断深入，在教育领域的合作面不断拓宽，已经涉及职业教育、高等教育、中等教育、基础教育等，取得的成效十分显著，双方留学生的规模不断扩大。

中国与东盟各国还积极开展了境外合作办学。现阶段，我国境外办学最为集中的地区就是东南亚。在跨境教育合作中，双边合作项目的种类及数量也在不断增加。从中国与东盟国家合作开展的办学项目来看，其类型就涵盖了各个不同的教育层次。东盟当中的许多国家如马来西亚、泰国、新加坡等，还通过在中国境内开展高等教育层次的多个合作办学项目，深

化教育层面的合作交流。我国政府与东盟各国政府之间建立起了更多合作机构，合作平台也不断趋于完善。

截至2021年年底，中国已经和超过10个东盟内的国家签署了加强教育交流与合作的相关协议，并且还分别与越南、印度尼西亚、马来西亚、菲律宾、泰国等国家签订了双方互认学历的相关协议①。目前，每年的8月份在贵州举办的中国-东盟教育交流周暨教育部长圆桌会议是当前我国与东盟国家开展教育合作与交流的主要平台。在2016年的中国-东盟教育交流周暨教育部长圆桌会议上，我国与参会各国共同讨论并通过了有关开展中国与东盟教育合作的5年行动计划。从内容上看，这项计划主要涉及高等教育、中等教育、基础教育、职业教育、智库合作与学生交流几个大的方面。除了上述平台，我国每年举办的中国-东盟职业教育联展暨论坛也是双方开展教育交流合作的重要平台，其影响力也逐渐提升。

2. 各国的跨境支付承诺水平不同

从对跨境交付的态度来看，大部分东盟国家在对待这一问题时持保守态度，因此在跨境支付方面没有针对国民待遇、市场准入等提供明确的承诺。其中，老挝对高等教育、柬埔寨与新加坡对所有教育层次均无限制。在境外消费方面，只有马来西亚不做承诺，其余国家都不对境外消费加以限制，包括国民待遇以及市场准入方面。对于商业存在的态度，各国有着较大差别，越南、柬埔寨、新加坡在国民待遇以及市场准入方面均不做限制。而从针对外方服务提供者设置的资格条件、外方股权等内容上看，明确对其进行限制的主要有中国、老挝和马来西亚。泰国对于商业存在的态度，除开中文讲授服务，对其他的内容则没有明确的限制，但规定了外方股权占比必须保持在一定比例以下。对于自然人流动问题，因为担心对国内就业市场造成冲击，并增加管理成本，各国承诺保持了较低水平，在人员居留期限以及居留条件方面的规定较为严格。在中国与东盟各国的教育服务贸易中，自然人的移动成为最保守也是最敏感的一项。

3. 各国的教育承诺水平不同

柬埔寨在高等教育层次做出了承诺，已经承诺的部分均为无限制，开放程度最高，承诺水平也最高；新加坡对高等教育做了有限定的承诺，承诺水平总体上看是较高的；老挝、中国两个国家承诺的范围涵盖所有教育

---

① 梁方正. 西南地区与东盟国家高等教育合作现状与前景研究 [M]. 北京：北京理工大学出版社，2022：38.

层次，越南也承诺了高等教育层次，以上三国都有着较高的承诺水平；泰国未对高等教育做出承诺，其承诺的水平较为一般；与之相似的是马来西亚，其只是对包括高等教育在内的两个教育层次做出了承诺，也是一般水平。尚未对教育服务贸易做出承诺的国家主要有印度尼西亚、文莱、缅甸和菲律宾，因而它们的承诺水平在东盟各国当中最低。

（二）面向东盟高等教育国际化的转变

1. 合作角色由参与者向主导者转变

随着社会的不断发展，我国在国际合作中所扮演的角色发生了较大的变化，在面向东盟高等教育国际化发展的过程中，我国由参与者逐步转变为主导者，从被动接受逐渐过渡到主动出击，这与我国的发展密切相关。共建"一带一路"倡议的提出，打破了我国被动参与国际合作的境况，让我国从真正意义上实现了"走出去"这一构想，此构想本身就具备一定的主动性和主导性。我国教育领域和社会各界率先垂范、积极行动。国家各部委协调推动、积极对接共建"一带一路"沿线国家教育规划与政策，搭建我国与沿线区域和国家的教育沟通合作平台。地方政府和高校紧密对接国家总体布局，加强"友好省州"的建设工作，进一步推进"学校联盟"战略，让高校与企业强强联手，提升学生的综合能力和实践操作能力，为社会输送一批又一批卓越的创新型人才。通过共建"一带一路"国际合作的不断推进，我国教育行业实现了跨越式发展，中华文化走向全世界。但完成角色的彻底转变需要一定的时间，在此过程中，我国应当不断学习并适应不同的环境。

2. 交流方向由"引进来"向"走出去"转变

我国致力于让中华文化走出国门，走向世界，由最初的"引进来"转变为"走出去"，不断向外输出文化、人才、教师等各种优质资源。我国在共建"走出去"战略实施过程中仍面临众多问题，相比于引进外来文化，"走出去"仍处于相对滞后的状态。我国在共建"一带一路"沿线国家的留学生人数还不够多，这就意味着我国在文化交流方面还需要加强。除此之外，我国境外办学机构的数目以及规模均不容乐观，远不如外国在我国的办学项目。因此，我国高度重视文化交流工作，逐步转变文化交流方向，实现由"引进来"向"走出去"的转变。

3. 合作要素由学生协作向师生深度合作转变

在进行教育教学活动时，教师要充分调动学生的积极性，调动他们的学习热情，引导学生开展合作探究式学习。影响国际教育合作的要素有外部要素和内部要素两方面。其中，外部因素主要包括政府、高校等，而内部因素主要有两点，即合作的广度和深度。在广度上，教育合作往往只注重加强学生间的合作探究，而忽视了教师间的经验分享，教师交流环节相对薄弱；在深度上，其他国家来我国留学的人数很少，我国前往共建"一带一路"沿线国家留学的人数也相对较少，这是目前制约我国面向东盟高等教育国际化发展的一大原因。

总的来说，我国的高等教育国际化发展还存在许多问题：一是我们的文化自信心、民族自信心还不够强；二是学生之间的交际也只限于表层，易被其他因素掩盖；三是教师的教学观念还不够与时俱进，教学质量有待提高。要实现面向东盟高等教育国际化发展，在共建"一带一路"沿线国家开展文化建设，必须要有多方合力，既要加强教育合作，拓宽合作领域，又要建立教师和学生的深度合作，才能从根本上破解我国教育发展中遇到的一系列难题，持续完善人才培养计划，使我国在国际教育合作领域中处于领先地位。

4. 合作模式由一元向多元转变

传统的合作模式已经不能满足当前社会的需要，共建"一带一路"沿线国家的经济文化、社会背景、风土人情均存在一定的差异，发展水平以及所处的发展阶段也有所不同。因此，在发展过程中，一定要从一元模式逐步向多元模式过渡，均衡各个国家和地区的发展，绝不能采取"一刀切"的方式，要结合不同国家及地区的实际情况，从国情出发，选择最适合各个国家的战略模式。

模式转变对于推动高等教育国际化发展具有重要意义，要从全方位、多角度考虑，为不同国家制定不同的合作模式。对于发展水平较高的国家来说，追求平衡发展显得尤为重要，双向平衡合作模式是最佳选择。但对于缅甸、柬埔寨等发展较为落后的国家而言，我国应当侧重文化输出，对其进行教育指导以及教学帮助，不断扩大我国的教育资源分布范围，进一步增强我国在教育领域的国际影响力，从而推动我国高等教育国际化的发展。

（三）面向东盟高等教育国际化的平台

2003 年，中国-东盟战略伙伴关系建立，这既是中国与东盟各国关系跨越新阶段的证明，也是双方继往开来、共同为未来创造更多可能的契机。其中，文化交流项目是双方撬动其他合作形式的重要杠杆。随后，在2008 年举办的首届中国-东盟教育交流周（以下简称"交流周"）在中国贵州举行，交流周的开展向外界传递了我国与东盟国家共建教育文化领域的努力与决心。

交流周举办以来，得到了中外国家领导人的高度重视、社会各界的肯定与支持，促进了各方深入交流合作，加强了区域文化交流发展。随着交流周的开展，其逐渐成为中国与东盟国家在政府层面针对教育这一主题开展交流合作的重要平台，带动了共建"一带一路"沿线国家参与合作，形成了"10+1+N"（特邀伙伴国）的模式。随着交流周的持续展开，中国与东盟国家已经开展了百名校长牵手未来系列活动、青少年交流系列活动、人文交流系列活动和"一带一路"教育合作六大品牌系列活动，举办了中国-东盟职业教育博览会、中国-东盟教育合作与人才交流洽谈会，创办了形式多样的数百个特色项目活动，为促进中国和东盟国家的合作共赢做出了重要贡献。

为了保证交流周活动高质量地向前推进，贵州省人民政府作为活动主办方积极扩展交流周的影响力，在得到政府多方面的支持下，将交流周成功打造为一张开展交流的文化名片，引起了东盟各国的重视和认可。由此，中国-东盟教育交流周也成为中国与东盟进行教育创新和学术交流的重要平台。具体来说，其具有以下三方面作用：

第一，是中国与东盟人文交流的特色品牌。2008 年至今，每年一届文化周的成功举办，是中国与东盟各个国家努力的结果，是双方领导人达成的共识，也是中国与东盟国家之间搭起的友谊之桥。交流周不仅促进了各国在文化、教育领域的交流，推动了双方教育事业的发展，同时也帮助各国教育机构相互认识，提高了彼此在对方国家的知名度和教育品牌的影响力，为潜在的教育合作提供了必要信息，奠定了基础，进一步拓展了双方教育和人文交流的深度与广度，是双方人文交流的重要平台和特色品牌。

第二，中国东盟双边合作的层次得到了提升。依托交流周这一平台，中国-东盟教育部长圆桌会议（以下简称"圆桌会议"）已成功举办三届，成果颇丰。2010 年第一届圆桌会议签订了《中华人民共和国教育部与泰王国教育部关于相互承认高等教育学历和学位的协定》《中华人民共和国教育部与印度尼西亚教育部关于教育领域合作的谅解备忘录》，发布了《中国-东盟教育部长圆桌会议贵阳声明》，这标志着双方教育合作向更加规范的合作形势发展。在 2016 年举办的第二届圆桌会议上，会议发布了《关于中国-东盟教育合作行动计划支持东盟教育工作计划（2016—2020）开展的联合公报》。2022 年第三届圆桌会议以视频方式举行，一致通过了成果文件《共建友好家园——中国东盟教育合作发展愿景与行动（2020—2030）》，明确了双方在教育领域下阶段的重点合作方向，推动了中国与东盟教育的互学互鉴和务实合作。

第三，进一步深化了中国与东盟的战略伙伴关系。在经过多年时间的发展壮大，交流周的规模不断扩大，从单一化的教育合作平台升级成为中国与东盟之间以教育合作为主体的一个文化交流平台。与此同时，交流的时间不再局限于一周，而是可以在全年的不同时段在不同的地方通过冠名的形式举办各种活动。随着各类活动的展开，相应的合作联盟和研究中心也纷纷成立，如中国-东盟职教合作联盟、阿里巴巴全球跨境电商教育联盟、"一带一路"人才培养校企联盟等十大联盟工作机制先后成立。中国-柬埔寨幼儿教师培训中心、"一带一路"国际教育协同创新中心、中国-东盟大数据警务中心、贵州民族医药国际合作联合实验室等十大基地及研究中心先后建立。

中国-东盟教育交流周作为中国与东盟国家在教育领域开展交流合作影响最大、成果最为丰富的平台，在实现双方人才的交流与联合培养以及智库研究等方面的合作上发挥了重要力量，进一步深化了中国与东盟的战略合作伙伴关系。

从创立到发展，交流周的质量水平不断提高，收获颇丰，但还需从中总结经验、提炼升华，在迈向成熟的过程中不断扩大影响力、提升品牌形象，具体可采取以下三方面措施：

其一，积极发挥宣传作用，不断提升自身影响力和吸引力。由于交流周每年举办的场地固定在贵州，因而其宣传效果不能扩散至全国，更别说东盟国家。为了解决这一问题，主办单位可以利用其他国内外的大型外事活动平台，对交流周进行广泛推广，如博鳌亚洲论坛、中国-东盟博览会、生态文明贵阳国际论坛、贵阳国际大数据产业博览会等；同时，应吸收、扩大交流周的参与主体，将参与交流周的高校范围扩大到全国，扩大交流周在国内范围的影响力。在国外，通过参与的东盟高校、组织机构加大在本国的宣传力度，扩大宣传范围。

其二，做好顶层设计，精心打造品牌项目。在交流周已取得的成就的基础上，要深入实施《中国-东盟战略伙伴关系 2030 年愿景》等纲领性政策，精心设计交流周的活动，把效果好、受到广泛认可的活动做精做强，并把它们作为每届交流周的固定活动，形成品牌效力。此外，也可以充分利用参会人员的影响力和感召力，如政府官员、大学校长、知名学者等，通过交流周这个平台进行人文交流、提升交流周的质量、树立交流周的形象。

其三，建立跟踪反馈机制，提高教育实效。在交流周举办的过程中，中国和东盟的大学院校或教育机构签署了大量的合作协定，但因为缺少后续跟进和落实，许多协定都没有落实，并未实现真正意义上的沟通和合作。主办单位应该在每次交流周结束之后，对经验与缺点进行归纳，形成书面报告，突出其成效与影响，从中汲取经验；要对在交流周上签署的协议进行跟踪和研究，形成一个机制，并将其反馈到各有关单位，发挥各自的优势，弥补自己的不足。总之，主办单位应该根据每次交流周的举办情况举行一次经验交流活动，让双方了解到彼此的成果和收获，并在此基础上，为交流周之后的顺利开展提供有益的借鉴。

二、面向东盟高等教育国际化的问题

在我国发展面向东盟高等教育国际化的过程中，既取得了一定成就，促进了双方高等教育的发展，但也存在一些值得关注和需要解决的问题。

（一）地方政府相关服务不到位

1. 相关配套政策支持不够

我国的教育事业有其特殊性，以公益性为主，未能很好地发挥在经济方面的带动作用，也未能对地方经济发展起到应有的带动作用。高校不仅应担负起教育的责任，为国家和地区参与国际国内竞争输送优质人才，还应抓住参与高等教育国际化合作的机遇，为国家、地方创造经济利益。与发达国家相比，我国参与国际合作办学有着不同的目标和定位。发达国家合作办学的最终目的是创造经济效益，如澳大利亚政府将国际合作办学当作一种产品推销到世界各地，英国招收大量留学生，所收费用也被用于本国的高等教育，美国则把留学生的全部学费用来增加本国高校的教育经费。以上可以看出，西方发达国家开展高等教育国际合作主要以增加国家和教育领域的经济利益为出发点。而我国的高校则偏重公益性质，例如，我国在合作办学时，各种教育机构不允许由外资独立运作，外方只能占有更多股权。我国主要以互利互惠为原则开展与各国的高等教育合作。

此外，东盟成员之一的新加坡政府也意识到积极参与跨境教育能够带动饭店、商场等第三产业的经济收益，留学生未来还能将新加坡的国际网络扩展至更大范围。现阶段，我国与东盟国家在教育国际化方面的合作进展顺利，我国教育输出市场也正在快速发展，但由此也带来了更多贸易问题。在我国与东盟国家开展高等教育合作的过程中，我国政府需要出台相关的政策，以解决这些问题。

2. 政府参与推动较少

由于东盟国家的政治体制不同，其经济发展水平也不一样，文化历史的变迁存在差异，尤其在教育领域，各国也存在很大差异，高等教育水平、教育体制各不相同。我国高校不够重视与欠发达国家开展国际教育交流，我国高校中与欧美等发达国家建立合作交流关系的占比达60%，而且这些办学机构也大多集中在我国的东部沿海城市，而来自东盟的留学生大多在我国西南地区的高校就读，一些知名大学通常很少招收东盟国家的留学生，即便少量招生也都集中在语言、工商管理、经贸等常规专业①。

在中国与东盟国家的高等教育合作过程中，高校是双方合作的实际推动者，因此这种合作只局限于高校之间。政府参与推动较少，这导致缺乏核心领导力。

一方面，中国同东盟国家所开展的国际合作大多局限于合作办学及开放留学市场等方面，合作区域也大多只在中国的西南各省，参与国际合作的高校无法从宏观角度出发，按照各自的优势和地域特点对合作办学的相关事宜做出调整，导致目前一些专业和学科设置重合；另一方面，中国同东盟国家所开展的很多项目只限于协议的签订，未能进入实质性的操作阶段，目前也尚未出台规范的制度为合作协议的正常运行保驾护航。

3. 缺乏相关的法律法规

随着高等教育跨境合作的愈加深入，一个关键的问题出现，那就是我国尚未就国际教育的质量和资质做出比较明确的规范，相关学历及个人学术能力的认定主要还是由雇用留学生的单位进行。例如，《中华人民共和国教育法》《中华人民共和国高等教育法》等法条尽管在法律层面规定了国内相关办学和教育的制度，但未就涉外国际化教育做出具体的规范。总体

① 梁方正. 我国西南地区与东盟在高等教育与农业经济合作中存在的问题及建议 [J]. 农业经济问题, 2020（10）: 145.

来说，涉外教育的各类规定和接管机制仍存在较大空缺，学历共认等与留学活动配套的机制尚未完全建立，这给留学工作的开展带来了极大不便。

（二）高校自身建设不足

1. 面向东盟留学生的课程体系不成熟

目前，我国部分高校尚未设置专门的对外教育服务机构，因此未能根据东盟国家中留学生个体需求的不同，设置相应的留学教育课程。国际先进的课程设置和教学方法的引入都还很欠缺，并且还存在很多较为突出的问题，如专业设置不合理、教材缺乏特色、教学模式单一等，这些问题的存在对于提升留学生教育培养质量有不利的影响。此外，东盟留学生希望学校能为他们设置更多的双语课程，并安排更多的双语教师为其上课。但大多数高校的双语教学课程严重不足，能够使用双语授课的教师比例也比较低，致使大部分来华留学生只能先集中在汉语言专业学习或参加短期汉语培训，在汉语学习期结束后才能选择自己感兴趣的其他专业。这也不利于东盟各国留学生在我国的留学教育中获得良好的专业教育。

课程内容狭窄、实用性不明显等问题也成为我国高校在课程设置上的主要问题。课程设置、双语教学师资以及教材编写等问题同样存在于和东盟高等教育的合作交流中。例如，有些高校主要开设了经贸东南亚语、东南亚语谈判与口译、东南亚宗教、民俗以及旅游东南亚语等有关的课程。但是，受师资力量有限等情况的影响，课程设置也不能严格按照人才培养目标进行。从教材编写上说，相关专业知识和专业人才的欠缺，也导致了教材编写的实用性较弱。

2. 留学生管理工作与服务不到位

留学生管理与服务是高校软实力的一部分，更是高校对外形象与声誉的一扇窗口。留学生管理工作细微繁杂，包括报到、入学、办证、体检、住宿、就餐及医疗等一系列日常管理工作。大部分东盟留学生对高校日常管理工作和服务态度的满意度评价较低，主要原因是管理人员的外语听说能力较差，在留学生遇到困难向相关管理人员寻求帮助时，经常会因语言沟通的障碍不能及时为留学生提供相应的服务，使得管理工作效率低下；学校餐厅服务人员和医务人员的日常服务态度较差，沟通缺乏耐心；学校缺少专门针对留学生群体的心理辅导咨询部门，忽视了对留学生的心理疏导工作等，这使得许多留学生不能在短时间内良好地适应留学生活。

（三）合作项目规范性不强

语言学习和培训也是现在我国和东盟国家合作办学设置课程的核心内

容。许多东盟国家如新加坡、泰国、马来西亚等，由于经济水平的提升，对人才的培养有了更高的要求，于是与英国、美国、法国等西方发达国家就教育层面开展了许多合作，不仅学习了许多先进的管理理论与技巧，也培养了一批应用型人才。在亚太地区 MBA 学院的排名中，前十名院校有五名都出自东盟国家①。此外，从国际上说，我国一些具有独特优势的高校专业还暂未和东盟高校合作办学。因此，我国和东盟的高等教育合作中还未有效引进东盟高校优势，也没有合理利用自己的优势。下面以广西壮族自治区与东盟高校的合作为例进行阐释。

1. 发展规模较小

自 1993 年开始，广西民族大学就已经开始尝试与泰国合作办学，在多年的探索和改进中，合作办学项目取得了较大成就，并在专业数量和招生人数上获得了很大的进展。不过相较于国内其他合作项目来说，广西高校和泰国高校的合作办学还没有规模化发展，而是长期停滞不前。而且，广西各高校的专业以泰语为主要方向，还涉及了对外汉语、经济管理、旅游管理及国际商务等专业。旅游管理、对外汉语、国际贸易等专业也开设了泰语方向，实行"国内学习 3 年，泰国学习 1 年"的"3+1"人才培养模式，到大三的时候，学生可以自由选择去泰国继续学习的机会。

从招生数量来说，泰语专业的计划招生较为有限。相对而言，旅游管理、国际贸易、对外汉语专业的招生计划人数更多，一般在大学一年级主修自己的本专业课程，到大二才开始选修一些东盟国家的语言课程，且人数也比较有限。学习泰语是很多广西高校和泰国高校合作项目的主要目标，因此也会限制学生数量和合作专业。学生去泰国学习前必须经过一段时间的短期语言培训，这样才能达到全泰语教学的要求。在合作办学规模的扩展中，面临的一个主要问题就是学生的外语能力，这也在一定程度上限制了广西高校和泰国高校合作办学的可持续发展。

2. 合作模式单一

广西高校和泰国高校的合作办学方式较为简单，一般包括两种（嫁接型模式和双校园模式），但这两种模式都会对合作的深入发展产生一定的限制。

---

① 梁方正. 西南地区与东盟国家高等教育合作现状与前景研究［M］. 北京：北京理工大学出版社，2022：58.

（1）合作方式较为松散的嫁接型模式。

为了实现跨校园学习，广西和泰国高校协定了教学计划、人才培养目标及课程设置等，并利用学分转移和课程衔接的方式来实现。在嫁接型模式中，双方原有的教育模式、方法都保持相对独立性，不会发生变化，在教学内容、办学观念等方面也不会有交流与合作。广西各大学在国内学生还没出国之前，开设相关的泰语课程，让学生掌握泰语的基础知识和听、说、读、写、译综合应用能力，同时开设介绍泰国概况的文化类课程。在这一过程中，一般不会引进外国优秀课程，也不会有中、泰两国合作开设的课程。在泰国留学期间，泰国学校将按照广西各高校的需要设置课程。比如，泰语专业主要教授泰语技能及听力、口语，同时开设几门读写课程；另外，学校会安排一些课外实习，以增进学生对泰国文化与习俗的认识。这样，既能使学生更好地适应泰国与中国的两种教育模式，又能充分利用各自的教学优势与价值。但是，这样的教学模式并不能将两国高校的先进教学方式、教学观念进行有机结合，只能算是一种比较浅层次的合作，并没有真正实现高等教育国际化发展的目的。

（2）学生学习分为两个阶段的双校园模式。

在广西与泰国高校开展的双校园模式中，学生的学习时间分为国内和国外两个阶段。学生在国内学习阶段要完成基本的泰语和专业基础知识，在泰国学习时也要完成相应的学习要求。双校园模式具有一定优势，主要就体现在能够让学生对国外教学环境和社会环境更为熟悉，具备去泰国高校学习的机会，有利于培养国际性复合人才。但总的来说，广西和泰国高校的合作办学方式较为单一，没有可选择性。任何一个合作方式都具备自身的优势和劣势，多样化发展合作项目模式才是促进高等教育合作不断发展的主要手段。

3. 质量监管体系不完善

只有加强对合作项目的监管和管理，才能促进合作项目的高质量完成和持续稳健的发展。很多高校只着眼于当前的经济效益，忽视了提升教学质量，这不利于对学生的教育。这也是公众对合作办学机构不信任、社会上产生很多质疑声音的主要原因。此外，社会、政府和学校等没有对合作项目展开有效的质量监督和评估，也使得中外合作教学项目的质量为大家所质疑。

（四）留学生教育管理制度不健全

近年来，到我国留学的东盟国家学生逐渐增多，涉及的国家也越来多，包括文化背景、经费来源、培养层次、学习类别、专业选择等在内的关于留学生学习的各个方面都变得更加多元。这也给我国的高校带来了更大的挑战，尤其是在留学生的教育管理方面。目前，我国的大部分高校管理留学生的方案都是在针对国内学生的教育管理经验的基础上制定、设置的，从整体上看，相对比较零散，不够统一；同时，在顶层设计方面也有所缺失，关于权责的分配不够清楚明确，针对性和适用性不够强。

1. 留学生管理组织比较分散

当下，我国大多数高校都采用了校级和院级两级管理体系对留学生进行教育管理。在学校层面，设立国际交流合作处、国际教育学校等相应机构，这些机构负责的主要工作是针对留学生的学习管理，如招生、学籍注册、日常管理等；而在留学生的教学方面，则由几个部门共同负责，通常包括学校教务处、国际教育学院、研究生院、相关的专业院系等；在留学生的住宿方面，则通常由后勤部门来统一负责安排；关于其人身安全等方面的问题，则归属学校的保卫部门。这样的组织架构虽然看似完整，却存在着很大的问题，主要表现在两方面：其一，在学校这一层级上，国际交流合作处这样关于留学生的管理机构，既不是学校的机关，也不是学校里的二级学院，与其他的有关职能部门以及二级学院之间没有上、下级的隶属关系，这就导致其地位十分尴尬，在教育管理留学生时，不能统一组织和协调，进而导致对留学生的管理比较松散，办事效率也比较低；其二，在留学生看来，管理自己的部门过多、过于分散，处理学习生活事务时需要和多个不同部门对接交流，非常不方便。

2. 留学生管理队伍建设须加强

培养留学生的任务目标最终能否真正达成、落到实处，主要是受留学生教育管理人员综合素质的高低影响，若这些管理人员的素质更高，那么留学生培养的工作就能完成得更好。因此，要想加强留学生管理的队伍建设，就必须提升相关管理人员的综合素质，同时革新留学生培养的教育管理理念，建设出一支高素质的留学生管理人员队伍。管理人员要具备较强的管理能力、拥有渊博的学识，最好能够有较强的外语沟通能力。

当下，我国高校关于留学生管理的人员队伍建设还存在着不少问题，主要表现在以下两方面：

其一，管理队伍的结构比较复杂，且表现出了严重的老化性，大部分管理留学生的人员都是抽调来的，大多来自学院或是机关部处，当中还有一部分人是外聘、退休返聘人员，这样的管理人员结构使得队伍的专业水平较低，同时这些人对自己从事的留学生管理工作也没有归属感和认同感，在工作中很难发挥积极性。

其二，管理队伍进口不严、出口不畅。各高校在招聘留学生的相关管理人员时，通常只在学历和外语水平方面做出要求，但在专业学科背景方面（包括管理学、教育学、心理学等学科背景）很少提出相应要求。在相关人员办理入职后，不仅没有为其提供相关的业务培训，同时也没有建立起完善的考核评估制度，明确其晋升发展的通道。

3. 留学生跨文化适应指导不足

在为留学生提供的服务方面，我国高校形成了较为完善的体系，针对留学生学习和生活的各个方面成立了各种类型的组织机构，包括学业指导中心、资助管理服务中心、心理健康咨询中心、后勤服务中心以及就业创业指导服务中心等。但是，由于留学生对我国的法律、文化以及各方面的生活常识都缺乏较为系统的认知，这些机构在开展服务时出现了不适用的情况。在入学之后，大多数留学生面对陌生的环境，对校园的历史背景、周围的社会环境、校园生活等都比较茫然。同时，他们离开了自己的家乡，承受了很大的压力，心理上也会受到很大的影响，若是没有得到有效的跨文化适应指导，在未来的职业规划和发展上就得不到有效的帮助。

4. 留学生的社团活动和公寓管理相对松散

在大部分高校中，对中国学生的管理和对留学生的管理都是分开的，这就导致了以留学生为主的社会活动很少，留学生相关社团的建设也比较落后。第一，管理社团的领导部门不同，通常来说，主要负责建设国内学生相关社团活动的是社团联合会（由团委进行管理），整个管理体系更加完善，能够提供更充足的资源。但在留学生相关的社团建设方面，则没有这样完善、充足的投入及指导。第二，由于文化差异或宣传不充分等原因，大部分中国学生开展的社团活动都很少有留学生参与，国内学生和留学生之间很少有机会进行交流合作和沟通融合。此外，留学生相关社团的建设本身也有一些问题：首先，没有指导教师，在组织活动时往往缺乏科学性和建设性；其次，缺少资源投入，活动效果也大打折扣；再次，没有有效宣传相关活动，参与人数不多；最后，一些社团活动对国别有限制，这往往成为一道无形的壁垒，导致文化融合的缺失。

在开展留学生教育管理的工作过程中，必须要重视留学生公寓的管理和服务。当前在不同高校当中，主要为留学生提供了分散住宿和集中住宿两种形式，但是大部分高校只是给留学生提供了一个居住、生活的地方，没有进行统一的规划，在功能上没有划分，在文化上也没有融合，因此在建设一流国际学生社区方面还需要进行进一步的发展。

从留学生公寓管理模式存在的问题来看，其主要存在以下问题：

其一，宿舍管理人员的外语水平往往一般，和留学生之间存在一定语言沟通障碍等问题。

其二，公寓的消防安全及用电安全等问题。

其三，留学生的卫生习惯、饮食习惯等问题。

其四，留学生的宗教信仰不同等问题。

关于留学生公寓的相关管理问题形成的原因，主要有以下两点：

首先是高校方面的问题。当前各个高校硬件条件建设的速度未能跟上留学生人数的增长的速度，在留学生公寓管理人员综合素质较低的同时不能及时地更新留学生信息化管理的理论和技能。

其次是留学生方面的问题。到我国学习的留学生本身就来自不同的国家，他们使用的语言也不是共通的，还可能存在不同的宗教信仰，彼此之间的生活习惯区别很大，不管是留学生个人的素质还是文化背景和习俗等都存在着很大的差异性。

要有效提升留学生公寓管理的水平，就要采取以下措施：

首先，应加强对留学生公寓管理水平的提升，增强管理意识，并结合国际教育学院、学校保卫处、后勤管理中心等多方主体，构建系统的公寓管理体系。为了发挥管理合力，不同部门之间应当加强沟通合作，积极承担自身的责任。

其次，改进并完善留学生的住宿条件，提升留学生公寓的硬件设施建设，使留学生在生活方面的各种需求都尽可能地得到满足。

再次，强化留学生相应规章制度的建设，为留学生适应中国的校园生活提供积极有效的指导，同时要在尊重的前提下尽量地淡化宗教色彩，保障校园秩序的稳定。

最后，要针对留学生公寓管理人员综合素质较低的情况开展相应的培训，从语言交流、行为礼仪、各个国家的历史地理以及文化习俗情况等方面为其提供有效的指导，避免在管理留学生时出现不必要的麻烦。

（五）参与东盟国家高等教育合作的制约性

目前，社会和市场等主体在中国-东盟高等教育合作中并没有积极的参与性，其主导者是政府。一方面，只有由政府进行主导，中国-东盟高等教育合作才能获得较好的发展。政府的优势在于制定并实施政策，可以增加学校、家长和学生的重视程度。另一方面，从长远的角度来看，中国-东盟高等教育合作要想实现可持续发展，就必须保证在合作中社会、市场等主体共同参与进来。只有这样，才能让中国-东盟高等教育合作更加多元化、更加全面，才能实现长远的发展。

建立范围广且具有一定深度的高等教育国际合作网络，是中国-东盟高等教育合作的目标。高等教育合作对于双方来说是长时间的，所以要依靠宏观展望。这就表明，双方构建的合作体系要实现多层次、全方位、多样化的目标，否则双方无法实现长期的合作。

此外，中国-东盟高等教育合作缺乏多样化的层次。我国高等教育体系有着丰富的类型和多样化的层次。但中国-东盟高等教育合作在当前缺乏足够的层次和类型。双方可以在高等教育合作的基础上，促进产业贸易合作，丰富合作的内容和项目等，增强其可控性。

第二节　面向东盟高等教育国际化的机遇与挑战

一、面向东盟高等教育国际化的机遇

（一）自由贸易区的建立加速面向东盟高等教育国际化进程

中国-东盟自由贸易区的建立对于我国高等教育的改革具有一定的推动与促进作用，我国面向东盟高等教育的国际化进程也得到了推进。

1. 创造了物质基础

中国-东盟自由贸易区的顺利建设，促进了中国和东盟国家的经济交流，人员之间的往来更加便利和频繁。中国-东盟自由贸易区的发展，为双方的经济发展、社会和谐、教育国际化提供了前所未有的机遇。高等教育国际化实质上是一种以积极主动为主导的教育服务贸易国际化，中国-东盟自由贸易区的持续发展，为我国经济实现跨越式发展也提供了良好的机遇。

（1）市场容量扩大。

从市场供求的角度来看，中国-东盟双边贸易市场具有市场容量大的典型特征，并且这一地区是全球经济增长最快的地区，是全球不可能忽视

的巨大的消费市场。此外，中国–东盟双边贸易市场还具有内部差异明显的特征。东南亚国家众多，无论是在人均消费水平、生产水平还是在国民生产总值方面都有一定的差异。随着中国与东盟各国收入水平的提高，尤其是劳动密集型产业的不断发展，老挝、缅甸等周边国家经济的发展，社会购买力的增强，双边市场还将持续扩大，从而推动我国云南地区与东盟开展更为密切的经贸合作。

观察中国–东盟双边市场，其最为明显的特点在于投资的需求十分旺盛。在第二次世界大战结束以后，东盟各国获得了独立，但由于在殖民时期，宗主国把殖民地当成原材料提供地和工业产品销售地，致使东盟国家工业基础薄弱，基础设施落后，尤其是中南半岛诸国更为突出。结合东盟国家尤其是中南半岛国家实现工业化、现代化的发展任务、摆脱欠发达状况的强烈愿望，中国–东盟之间的投资互补性非常高。

中国虽然已经成为世界第二大经济体，但区域发展的不平衡导致国内许多地区基础设施仍然需要加大投资力度，尤其是西南地区的云贵两省，由于地处高原，区域内沟壑纵横、路网稀疏、建设成本高昂，在国家大力推动中国–东盟一体化的战略背景下，西南地区的基础设施投资力度逐年加大，有利于该地区的经济发展。

巨大的消费需求，旺盛的经济增长，为我国与东盟的区域交互提供了必要的条件支撑。随着老挝于 2012 年 10 月 26 日正式成为世界贸易组织第 158 个成员，中国–东盟一体化市场的建设正在迅速变为现实。

（2）投资环境改善。

随着自由贸易区的建立，我国与东盟各国都制定了许多开放性政策和措施，不断提升开放水平，积极推进市场化发展进程，为深化我国与东南亚各国在政治、经济、文化等方面的交流往来奠定了基础。例如，柬埔寨中央政府对《投资法》进行修改，使其更为透明，进一步提高投资者信心；越南逐步简化了外国投资者入境投资的相关手续，进一步放宽了外商在越投资的方式、投资地域、投资领域和经营范围；泰国大幅修改了相关法律，优化了外国人入境投资环境；老挝则允许外国投资者在除开工业部门外的其他方面（如公共卫生、传统文化资源开发、环境保护等）开展投资，并鼓励开办合资与独资企业；菲律宾在这方面通过对外国人入境投资法进行修订、给予投资税收优惠、鼓励跨国公司在菲设立地区总部等措施吸引入境投资；印度尼西亚则通过提高证券投资市场和批发零售业等领域的开放程度、加大入境投资税收优惠政策的行业覆盖力度，以及允许外商在部分产业控股的措施来吸引入境投资；马来西亚也在制造业、通信、批发零售业等领域扩大了外商的持股比例。

2. 进一步促进高等教育改革

当下，世界高等教育开始向着国际化方向发展，各个国家对此都非常重视，积极与其他国家开展教育领域的交流合作，以提升自身的高等教育国际化水平，提升国际竞争优势。受限于地理位置等方面的因素，我国面向东盟的高等教育国际化发展以西南地区为主，而我国西南地区也正是因为其特殊的地理位置，在很长一段时间内交通都不太发达，由于经济发展水平和信息化建设的相对落后，当地高等教育的发展水平也相对较低。

伴随着自由贸易区的启动和发展，作为连接中国和南亚、东南亚地区要塞的西南地区，其地理位置的重要性得到了凸显，与东盟国家之间的经贸合作也得到了增强，并且在高等教育领域的交流合作也陆续展开。建设自由贸易区需要复合型人才，要求这些人才不仅能够具备熟练使用双边语言的能力，还要对中国和东盟国家的文化及风土人情有相应的认知，并且要对国际交流往来的规则有一个系统的认识。为此，西南地区要在与东盟国家开展教育合作的过程中，借助合作办学的形式，对复合型人才进行培养。与此同时，在一些东盟国家中，很多大学都具有相当高程度的国际化水平，如新加坡、马来西亚、泰国等国的部分大学，而这也对西南地区的高等教育发展提出了更高的要求：要积极奉行对外开放政策，和东盟各国积极进行合作、交流，充分利用这些优质的国际教育资源发展高等教育。

3. 有利于促进高等教育特色发展

在很长一段时间内，我国高校的发展水平同其所处地区的经济发展水平是极不协调的，这些情况突出地表现在学科门类的结构设置与当地经济产业结构方面，这些问题对于提升我国高校的办学质量和办学水平产生了很大的限制及影响。随着自由贸易区的建立，不论是在政治、经济方面，还是在文化、技术甚至旅游方面，西南地区和东盟各国的交流都越来越频繁，随之而来的就是对人才需求的增长。其中，需求量最大的是那些精通东盟各国通用语言，了解各地风土人情，对国际贸易规则以及相关法律法规有深入了解，并且还具备系统金融知识的综合型人才。这也对高校的人才培养提出了更高的要求，各高校必须依据市场需求，充分考虑毕业生离开学校进入社会后适应市场经济的能力，综合衡量各方面，对教学计划及时进行调整，如改善专业课程的设置、重新制定培养目标、完善师资的配置等，从而更好地对学生进行培养，使其未来能够更好地服务于社会市场经济的建设，最终使高校的办学水平得到提升。

为了对自由贸易区发展所需的各种人才进行培养，各个高校应当从经济社会发展的实际需求出发，在进行科学规划的同时突出自身优势，彰显自身的办学特色。对于各个高校来说，要结合当地的实际情况，转变教育观念，同时和当地的经济发展需求相适应，尽可能地发挥长处，对人才培养的结构和层次进行调整。要想持续培养出特色人才，必须形成自己的办学特色，也只有这样，才能对东盟各国的学生产生更大的吸引力，让他们愿意主动来华留学，才能在激烈的竞争中更具竞争力，和更多的东盟高校进行合作办学，或者主动走出国门进行办学，始终保持旺盛的生命力。

4. 有利于促进高等教育优化布局

我国的高校分布与发展并不平衡，经济较发达的东部地区高校密集，且一流高校较多，而西部高校就相对较少，一流高校也较少。从每一个地区的具体情况来看，高校发展也存在不平衡现象。以西南地区为例，重庆和四川是我国西南地区高等教育优势资源最为集中的两个区域，占西南地区所有高校的一半以上。近年来，中国和东盟国家之间不断建立合作机制，这些机制的设立对于西南地区尤其是云南、贵州、广西等地区的经济实力提升具有极大的推动作用，对于这些地区高等教育的发展也十分有利，能够对当地的办学水平有一个极大的提升。与之对应的是，随着各个省份经济发展布局的改变，我国高等教育的布局也会进行相应的调整。未来，我国的高等教育布局将会越来越合理，进而能够更好地服务于经济的发展。

5. 有利于增加高校毕业生的就业机会

自由贸易区的启动和发展为高校学生提供了更多的社会实践机会和相关就业岗位。贸易区的发展，使得在旅游、双边贸易等相关的服务行业中，我国和东盟各国的联系更加密切，增速较快，各个行业对人才的需求量也有了极大的提升，为高校毕业生提供了更多的就业岗位。从地理位置上看，我国西南地区和东盟各个国家的地缘位置接近，使用的语言比较相近，在一些风俗习惯方面也比较相似，和其他地区的学生相比，大部分用人单位会更加青睐于西南地区的高校学生。

（二）共建"一带一路"倡议促进面向东盟高等教育国际化

共建"一带一路"倡议的提出和不断实施，有利于高等教育的持续良性发展。在全球范围内，高等教育的发展必然向着国际化方向前进。所以，共建"一带一路"倡议的提出和不断实施为其进一步发展，特别是为高等教育向着国际化方向发展提供了很好的机遇。

东盟各国都处于"一带一路"沿线地带，在"一带一路"的建设过程中，东盟各国也是具有最好对接条件的相关国家，关于共建"一带一路"所带来的实惠，东盟各国也是最先感受到的。所以，对于共建"一带一路"倡议，东盟各国也都在积极地支持和响应。

1. 为中国-东盟自由贸易区带来新机遇

共建"一带一路"倡议自提出以来，所取得的成就有目共睹，倡议中的各阶段性目标逐步得到落实。与此同时，中国-东盟自由贸易区的规划和推进也取得了令人满意的进展。中国-东盟自由贸易区经过数年规划，建成并投入运行后，标志着中国与东盟的贸易互信达到了前所未有的新高度。自由贸易区的许多商品贸易实现了零关税的重要突破，贸易总量和潜力得到了有效发掘。中国逐渐成为东盟国家最重要的贸易伙伴之一，东盟也发展成为中国的第三大贸易伙伴。

两者在共建人类命运共同体的道路上形成了深度互补：自由贸易区的建设可以成为共建"一带一路"倡议的积极尝试，而共建"一带一路"倡议的提出也能够为自由贸易区的建设提供顶层规划，使其行稳致远。

2. 进一步深化与东盟国家的人文交流合作

中国和东盟的双边合作之所以能够持续得到推进，密切的人文交流是十分重要的一个民意基础。要使中国和东盟各国之间实现民心相通、民意互通，深化人文交流合作是一项十分重要的举措。近年来，中国与东盟各国的教育往来愈加密切，东盟各国来华的留学生越来越多，东盟各国的多所高校与我国高校建立了合作关系。毋庸置疑，教育交流对经济发展具有积极作用，中国及东盟各国经过历年以来的积极努力，在民心相通的基础上极大地推进了教育领域的合作。共建"一带一路"倡议的提出符合当下的社会价值观和未来的社会发展态势，其致力于将一切积极的因素联合起来，不拘泥于旧有经验，大胆创新，共同应对在合作过程中遇到的各种困难。共建"一带一路"并非一日之功，它打破了地理上的局限，通过交流合作、互联互通，推动人类文化的重塑和革新。对于东盟国家和中国来说，共建"一带一路"带来了政治、经济、文化、教育等方面的合作需求，也必然带动双方进行更加深入的人文交流，促进双方的合作。

3. 为东盟孔子学院带来新的发展

随着我国经济文化的不断提升，"一带一路"沿线国家及地区掀起了"汉语热"的文化思潮，其他国家和地区的民众对中华文化产生了浓厚的兴趣，并且汉语已经成为他们获取财富的重要工具之一。因此，东盟国家的孔子学院在此背景下得到了新的发展。

（1）助推孔子学院扎根本土。

孔子学院可谓是中华文化的代表，"一带一路"沿线的众多国家均设立了孔子学院，孔子学院不仅传播我国的优秀文化，还吸收其他国家的先进文化，让文化实现真正意义上的融合。"一带一路"建设为我国的经济、文化发展提供了有力保障，并且为文化交流奠定了坚实的基础。

就当前形势而言，孔子学院无论在办学理念上还是办学模式上都更倾向于国外大学，因为国外大学是孔子学院扎根的重要场所，但从办学模式、规模来看，孔子学院想扎根本土并不是一件易事。除此之外，孔子学院的教师及学生的流动性较大，很难达到相对稳定的状态，生源也就成为孔子学院发展的重要难题之一，众多学生对此学院的认可度不高，这对孔子学院在国外的长久发展有着重要影响。

近年来，政治经济环境的变化使得国际投资领域出现动荡，"一带一路"沿线国际合作的价值和优势不断得到凸显，共建"一带一路"倡议为东盟国家应对危机提供了重要的合作平台，这为孔子学院的建设与发展工作奠定了坚实的基础。

"一带一路"经济带的建设工作在东盟经济发展过程中扮演着十分重要的角色，我国与东盟其他国家在文化、经济、旅游等众多方面均有联系，汉语也就逐渐成为一种重要的交流工具，能够讲汉语的人才在市场中更具优势。汉语的地位随着沿岸经济的发展而不断提升，孔子学院的办学规模以及招生人数也在不断增加，汉语人才成为助推孔子学院扎根本土的核心力量。让汉语逐步走向世界是当前教育国际化发展的重要任务，共建"一带一路"倡议为我国教育行业的发展带来了新的生机，加强了国际交流。

共建"一带一路"倡议无论是在教育合作还是在国际交流中均占据重要地位，其发展不仅能够带动沿岸国家经济文化的发展，还能够扩大我国优秀文化的影响力并提高国际认可度。汉语作为一门国际化教育课程，在共建"一带一路"民意基础建设中具有重要意义，孔子学院在共建"一带一路"倡议的助推下走进大学校园、融入校园，扎根当地。国际汉语教育受到越来越多人的关注，这是沟通我国与其他东盟国家的重要桥梁，能够助推我国教育、经济、文化的共同发展。

（2）推进孔子学院专业升级。

共建"一带一路"倡议助推孔子学院扎根本土的同时，还推动了孔子学院专业的升级。"一带一路"经济带的发展离不开各领域综合创新型人才的努力，孔子学校设立的主要目的是弘扬中华民族优秀文化，并对"一带一路"沿线国家进行汉语培训，但"一带一路"发展型人才在市场中的缺口较大，众多专业化课程仍处于探索阶段。

从总体上看，孔子学院在沟通两国经济、文化交流中尤为重要。孔子学院之所以能够充当文化桥梁这一重要角色，是因为它并不是单向地输出中华文化，而是一个双向学习、相互交流的场所。

东盟国家的孔子学院分布于不同的大学校园中，在语言类院校以及师范类院校中分布最为广泛，这些大学能够为孔子学院的发展提供良好的资源和强有力的技术支持，满足其办学需求。为了实现经济的可持续发展，"一带一路"建设工作秉承文化自信、互利互惠、尊重其他文化的原则，在政治、经济、文化等众多方面加强交流与合作，各个国家之间精诚合作，共建人类命运共同体，构建国际新秩序。

孔子学院在建设的过程中，应当综合考虑当地的情况，充分发挥地区优势，合理配置资源，不断优化办学模式和办学理念，树立明确的教学方针，彰显中华文化的魅力，推进学院专业升级，让学校课程逐步趋于多元化、专业化，依据实际情况，具体问题具体分析，最终建设成为具有影响力的特色化东盟孔子学院。

孔子学院的类型很多，根据学科领域的不同可以分为几类，比较常见的有法律、中医、工商管理孔子学院。共建"一带一路"倡议的实施，为孔子学院的专业升级发展提供了强有力的支撑。孔子学院的转型升级可以说是突破了传统教育观念的桎梏，为其发展开辟了新的途径。东盟各国的社会发展情况、经济文化等方面都存在很大的差别，不同的国家对中华文化和汉语教学有着不同的要求。因此，孔子学院要根据实际情况合理配置教学资源，确保汉语教育的正常进行。

综上所述，孔子学院的教学升级对于其实现可持续发展尤为重要，并且也为汉语文化扎根各国本土奠定了坚实的基础，共建"一带一路"倡议在孔子学院的专业升级中发挥了重要作用。

（3）充实孔子学院办学经费。

除了上述提到的文化扎根本土以及专业升级外，充实孔子学院的办学经费也十分关键。经费是文化发展的基石，缺乏办学经费的教育是不具备可操作性的。我国在孔子学院建设方面投入了大量的资金，但国家只能为之提供启动资金，对其发展起引导、扶持作用，随着孔子学院数量的不断增多，政府的能力也十分有限，长期依靠政府扶持显然是不可取的，学院今后的发展还需要依靠自身的力量。

国内外的孔子学院在资金投入上存在一定的差异，中外通常以一比一的比例投入资金，但国外学院所提供的硬件设施非常有限。孔子学院若想进一步发展并扩大其办学规模，增加资金投入以及政策扶持就显得尤为重要。只有得到了外界的支持后，孔子学院才能够更快地提升自身的办学质量。

共建"一带一路"倡议的提出和不断深化使得市场对于汉语人才的需求越来越大，尤其是那些综合能力强、具有多国语言能力的创新人才更具市场竞争力。孔子学院在弘扬中华民族优秀文化的过程中，还会为"一带一路"沿线国家的民众进行汉语培训，促进两国之间的经济、文化交流，为今后的贸易往来、国际交流打下坚实的基础。汉语人才的培养已经引起众多高校的重视，各大组织、企业均开始了汉语人才培养计划，为了充分发挥汉语文化的优势，汉语人才需要考取汉语水平证书，汉语水平考试也就成了人们关注的重点。汉语水平考试所收取的费用可以作为孔子学院的一大重要资金来源，孔子学院的生源也增多且相对稳定了，这些都充实了孔子学院的办学经费。

（三）国家战略建立了良好的政策环境

西方发达国家通过各种积极方式促进本国本地区高等教育服务贸易的发展，大量吸引外国留学生流入，使高等教育国际化成为推动这些国家国民经济发展的重要战略。中国应如何发展高等教育服务贸易，从而提高我国在高等教育境外消费市场中的份额，推动我国高等教育国际化的发展，有关方面的研究正在不断深入，成果也逐渐丰富。我国的一系列国家战略为高等教育国际化发展提供了良好的政策环境。

1. 西部大开发带来的政策优势

进入 21 世纪后，为缩小我国东、西部地区发展在速度、质量、效益等方面存在的差异，促进区域之间、城乡之间的协调发展，国务院制定、实施了西部大开发的若干优惠政策。对于西部地区教育事业的发展规划，相关部门提出，要把扩大高等教育开放、加强国际交流与合作作为一个积极因素，积极开展各种层次和类型的合作办学，扩大中外合作办学规模，利用国际优质教育资源，提升西部教育的国际竞争力①。云南省、广西壮族自治区等西南地区是中国面向东盟的主要省区，随着国家西部大开发战略的逐步深入，在中央和对口的省区支持下，这些地方的经济、社会、文化全面快速发展，高等教育国际化水平也不断提升。

2. CEPA 协定带来的机遇

CEPA 协定即《关于建立更紧密经贸关系的安排》的英文简称，包括中央政府与香港特区政府签署的《内地与香港关于建立更紧密经贸关系的安排》以及中央政府与澳门特区政府签署的《内地与澳门关于建立更紧密经贸关系的安排》。该协定是为推动我国香港地区和我国澳门地区的繁荣稳定而签订的。尽管协定并未直接涉及高等教育领域，但高等教育作为现代高级专门人才培养的社会轴心机构，无疑是社会各部门各类人才的重要输出地。在 CEPA 协定的支持下，我国西南门户地区一方面可以大力吸收和借鉴我国港澳地区高等教育的成功经验；另一方面也可以依托自身面向东南亚的地缘优势，加强办学的国际化内涵，提升高等教育的国际化水平。

二、面向东盟高等教育国际化的挑战

（一）经贸合作面临新的挑战

中国-东盟自由贸易区的顺利启动，在给经济社会发展带来重大机遇的同时，也为其带来了一些新的挑战。要认识面向东盟高等教育国际化面临的挑战，就要先认识中国与东盟在经济贸易发展中所面临的挑战。

1. 产业结构依存度方面的挑战

就经济发展水平而言，中国与东南亚国家同属于发展中国家。具体到邻近东盟国家的西南地区，其总体经济发展水平基本上同泰国、老挝、越南、柬埔寨、缅甸等国相当，尤其是在产业结构上，这些区域大多都以劳动密集型企业、资源密集型企业为主，虽然在部分地区发展了一定规模的

① 《区域教育改革与发展战略目标研究：广西 2020 的实证》课题组. 区域教育改革与发展战略目标研究：广西 2020 的实证 [M]. 北京：教育科学出版社，2013：272.

技术密集型产业，但总体上还没有成为主流。因此，从客观上讲，我国西南地区与东南亚国家在产业结构上没有明显的互补性。

2. 区域合作发展进程方面的挑战

这一点主要表现在澜沧江–湄公河次区域合作的艰难上。参与次区域合作的越南、老挝、柬埔寨、缅甸等国相对来说经济都欠发达，在第二次世界大战开始前基本都属于发达国家的殖民地，这些国家不仅经济社会发展水平低，而且呈现出多元化的复杂社会结构。虽然各国与中国合作的热情比较高，但其发展水平和对外开放水平都较低，一些国家的内部安全问题得不到保障。

(二) 高等教育合作资源配置面临更高要求

长期以来，我国西南地区经济相对落后，教育投入不足，经济的落后无力支持高等教育发展，同时，落后的经济也不需要较多数量的专门人才。所以，西南高等教育总体基础薄弱，师资力量匮乏，培养的人才数量不足，整体质量不高，与东盟国家高等教育在合作类型、合作层次、合作范围上都存在着一定的局限性。共建"一带一路"倡议给西南地区与东盟国家高等教育合作资源配置提出了更高的要求。

1. 地方教育支持系统欠缺，专业性师资匮乏

虽然西南地区的高等教育得到了国家财政的大力扶持，推动了与周边国家的合作进程，但是在合作过程中也出现了诸多问题，与东盟各国开展的合作并未达到预期的效果。因为西南地区的地方经济状况无法与发达地区相比，地方政府对于高校的财政投入还十分有限，使得学校的区域影响力难以在短时间内形成。此外，在开展教学的过程中，任课教师同留学生之间在语言方面仍然存在着沟通困难的情况，而且在文化上也存在着一定的差异性，个别教师的专业能力以及知识储备还未能达到相应的开展国际教育教学的要求，无法对留学生开展有效的专业指导。我国在与东盟各国开展教育合作的过程中，师资力量不足的短板必然存在，难以为合作方及留学生提供专业的智力供给，合作进程缺乏有效的后续保障。因此，目前的重点工作是要加强各高校在国际教学方面的师资建设，全力解决这一阻碍教育合作的突出问题。师资水平的高低关系着留学生群体是否能及时适应学习生活、更好地了解中国文化、获得较好的就读体验，并且也关系着中国对外教育开展规模的大小以及教学质量的高低。由于师资的缺乏，高校留学生与教师队伍的比例失衡，教学质量难以得到有效提升，这对高等

教育合作质量的提升以及规模的扩大都产生了不利影响。

西南地区特殊的地缘因素也影响了地区经济以及教育事业的快速发展，教育系统的自我发展能力也因此受到了限制，继而导致了人才流失，当地高等院校缺乏智力和人才方面的保障与支持。近年来，这种趋势愈发明显，不仅引进外来优秀人才的过程困难重重，本地接受过高等教育的很多人才也为了拓展自身发展空间，转而投身一线城市和东部发达地区求职创业。这样更加剧了优秀人才缺失的困局，地方高校优质师资的储备难以为继。

2. 校际交流协议落实不到位，合作流于形式

虽然近年来我国各高校响应国家号召，积极拓展与东盟开展合作及交流的渠道，在学者互访、项目合作、学术交流等方面寻求多种合作方式，但大多数项目仍然止步于协议的签订，而未能落到实处、进入深层次的实际合作阶段。不可否认，高等教育国际化并非单方面的行为，而是一种双向自愿选择的结果。中国的高校要积极走出去，拓宽与东盟国家高校的合作范围和渠道，完善留学机制，让更多的东盟学生来到中国求学与交流。

（三）高等教育合作运行体系面临新的挑战

1. 高等教育评价体系面临的挑战

跨国高等教育质量评估是由参与高等教育合作办学的国家共同对双方所拥有的高等教育质量进行评价，评价内容包括课程体系是否合理、考核机制是否完善、办学条件是否具备、师资水平是否过关、教育质量能否保证等，此评价需要在客观、有效以及公平的基础上进行。高等教育不断向着国际化方向发展要求建立起相应的评估体系，对跨国高等教育质量做出较为准确的评价。高等教育要素的流动会受到教育质量的制约，这一点毋庸置疑。东盟各国因发展基础不同，高等教育也表现出不同的发展程度，但是尚未建立起统一的评价标准。鉴于各国教育质量和水平参差不齐，为了在高等教育合作中保证教育质量，就需要建立起统一的评价体系。

越南、泰国是东盟国家中与我国高校联合办学的主要国家，而且组织办学的大多是二流、三流的高校，教育层次主要是大专和本科，教育质量难以保证。各校之间未建立起统一的、公认的教育质量评价标准，对学生的考核要求也不尽相同。各个高校在教学过程中也未能建立起监督评估体系，人才培养缺乏可操作性的监控机制，使得教育质量难以保证，无法达到各方对人才培养的期望。

2. 高等教育准入门槛面临的挑战

与我国东部发达地区相比，西南地区特别是偏远地区的高校发展基础薄弱，无论是在教育理念的树立、学校声誉度的创立、教师队伍的培养、教育资金的投入还是在基础设施建设方面，都有明显的差距。在这样的情况下，为了扩大留学生的入学规模，西南地区的一些高校降低了留学生的准入门槛，这就导致了留学生教育质量难以保证的情况。因此，现阶段亟须推进高校留学生教育制度改革，既要能维持留学生规模的有序扩大，又要能保证生源的质量。

3. 高等教育合作方式面临的挑战

人员和其他教育资源的跨境流动是区域高等教育合作中最基本也是最主要的表现形式，这也是实现高等教育合作的前提之一。人员流动的形式多种多样，如组织学术活动、学者交流、学生交换、举办文化活动等。人员流动有两种方式：一是物理空间上的人员流动，也就是学习主体的学习活动转移到他国。二是各种学习要素的转移和流动。随着网络信息技术的快速发展，现在具备了通过远程、线上开展虚拟教学的基础条件，学习主体可以通过虚拟技术远程接受线上教育，在本国就可以开展外国的学习活动。教育条件以及学习资源决定了留学生选择什么样的流动方式。我国各高校以及东盟国家的高校有着各自优质的资源，吸引着双方的留学生出国接受教育，实现了高等教育资源的国际共享。同时，这也对教育信息的公开、透明、有效提出了新的要求。

各国在综合实力方面存在着较大差异，这导致了信息化建设程度不同，双方未能建立起信息共享的平台，也未能构建起有效的协调机制。尽管我国西南地区已经建立了与东盟的教育信息网，但是平台并不完善，存储的信息量极为有限，只具备宣传的功能，而无法在实际的教育合作与交流中发挥应有的作用。留学生在选择留学院校时，需要先了解相关学校的具体信息，包括师资力量、课程设置情况、学校实力排名、奖学金设置条件等，如果未能做好信息的整合，就无法为留学生提供全面、有效的信息，必然会影响到其对学校的选择。从另一个层面来看，研究人员在寻找可以合作的学术伙伴时，也无法获取更多的项目信息，很多信息陈旧过时，无法做到实时更新。因此，亟须建立起一个较为完善的平台，汇集强大的数据库，从而为高等教育国际合作的开展提供翔实、可靠、实时、全面的信息，并向用户提供有效的服务。

另外，对生源的竞争也会影响到国家和地区之间留学生的流动。在东盟10国中，教育最发达的国家是新加坡，相对发达的国家有马来西亚、泰国和菲律宾。整个亚洲地区教育比较发达的国家有韩国和日本。这些国家对留学生有着较大的吸引力，欧美一些发达国家凭借优质的高等教育体系以及教育资源也吸引了大量东盟国家的留学生，特别是相对发达国家的留学生。近年来，虽然我国与东盟之间互派的留学生数量有了明显增加，但是留学生来源的地区结构仍然不合理，来我国留学的学生生源地主要是东盟国家中教育经济相对落后的国家和地区，而来自东盟国家中教育经济较发达的国家和地区的学生在整个留学生中的占比较低。可以看出，经济实力依然是决定留学生流动方向的重要因素，目前在我国高校就读的留学生以及参加合作办学项目的外国学生的生源结构呈现出单一性的特点。

（四）高等教育合作经费投入面临新的压力

1. 高等教育资金不足

教育是一项长期的、系统化的工程，不能盲目追求短平快的效果，因此要持续不断地对高等教育进行投入，高等教育国际化发展也是如此。留学生出国求学需要以大量的资金作为支撑，经费是保证留学正常进行的基础，因此经费是否充足影响着留学活动的开展是否顺利，也决定着留学生的规模大小和数量多少。我国以及东盟各国的留学生在学习期间也需要不少学费、生活费，虽然高校可以免除一部分或全部学费，但是其他生活及学习的开支对于家庭条件有限的留学生来说仍然是困扰。中国与东盟国家的一部分高校都存在奖学金不足的问题，这也在很大程度上影响了留学生选择双方高校求学的积极性。虽然现在中国与东盟的高校之间设立了公费留学生互换项目，但只有少数大学参与其中，且能够提供奖学金的特别基金屈指可数。当前，东盟国家中只有新加坡等几个国家拥有较为先进的教育体制，教育经费较为充足，其余国家都不同程度地存在教育资金不足的问题。

2. 建设费用的限制

尽管现阶段我国以及东盟各国的教育机构都在努力增加本国政府对于留学生奖学金方面的投入，希望减轻留学生的负担，但是双方在高等教育合作方面的资金投入依然不足。近年来，在中国和东盟国家的努力下，人才国际化培训工程有了一定的发展成效，但是若想建立起更高效的合作机制，集中优质教育资源，打造区域高校联合群，扩大留学生培养规模，提升教育质量，构建高等教育的多元化模式，为发展国际贸易和地区经济培养更多专业化人才，做大、做强国际教育合作平台，有实力参与更大范围的国际竞争，还有着巨大的资金缺口。

3. 留学生教育服务质量有待提高

我国与东盟各国的高校在发展历程上不同，教育水平各不相同，也未建立起学分的转换机制，留学生管理制度尚不完善。一些留学生在交换生项目的参与过程中，需要在不同的学校之间进行各种环境的适应与调整，而且会在学分转换以及学历学分互认等方面遇到困难。这些问题不解决，就无法保证教育的质量和效果。留学生原毕业学校同现留学学校之间在教学方面的合作很少，人员交流也很少，会影响留学生对不同教育环境的适应。

此外，各高校能够为留学生提供的学习资料还十分有限，可供使用的科研设备的配备情况也不佳，部分高校甚至无法提供满足留学生需求的食宿条件，也无法为留学生提供更多的勤工俭学岗位，留学生的社会实践和兼职机会很少。因此，各高校还需要进一步提升对东盟留学生的教育服务质量。

（五）高等教育合作交流面临新的问题

1. 来华留学生教育发展的问题

从留学生规模来看，来华留学生来源狭窄、学习时间较短、专业单一，且以语言进修与短期留学为主，长期系统学习的生源较少。例如，云南师范大学国际汉语教育学院虽然是国家面向东南亚培训汉语师资的 4 个基地之一，但每年为泰国、缅甸、越南等培训汉语教师人数也只有 100 人左右①。从国际合作办学来看，形式比较单一，人才培养模式比较陈旧。合作办学的形式主要是派出教师、交流学生或设立办学点。同时，在国际化人才培养的途径和内容方面落后于人才需求。从教师队伍来看，高校中虽然有外籍教师，但外籍教师比例偏少，并且国外专家也不参与学校管理。

2. 教育服务贸易信息获取的问题

面向东盟的高等教育国际化，实质上就是面向东盟的教育服务贸易。长期以来，我国高等教育领域缺乏获取面向东盟的信息平台，国际化公共

---

① 徐天伟. 面向东盟的云南高等教育国际化发展战略研究 [M]. 北京：中国社会科学出版社，2015：136.

服务体系需进一步完善。电子商务已经成为现代商业模式，东盟各国签署了"电子东盟"框架协议，致力于利用 IT 技术进行教育、投资、贸易自由化。而由于东盟国家内部发展不均衡，成员国之间存在"数字鸿沟"，东盟正在采取电信开放等措施消除"数字鸿沟"。近年来，我国云南省初步建成了远程教育资源中心、基础教育资源库、高等教育精品课程资源库、国家职业教育资源库，逐步建立了以省、州（市）县（市区）、乡（镇）和学校电化教育等部门为主的教育信息化支撑服务体系，但仍然缺乏面向东盟的信息平台。

（六）国内外高等教育国际化同质竞争力加剧

高等教育国际化是现代高等教育发展的重要特征和趋势，尤其作为后发地区的高等教育，其发展走向的科学途径就在于不断提升高等教育的国际化发展水平。高等教育后发地区在高等教育国际化发展进程中有劣势，也具有明显的优势。其优势主要表现在：首先，可以借鉴发达国家和地区高等教育国际化发展的经验；其次，可以进一步吸取高等教育国际化先发区的教训。此外，还可以在高等教育国际化发展导向、国家化目标定位、人才培养模式、学科和专业设置、来华留学生招收和管理等方面做出新的调整，进而避免同先进发达省区同样的高等教育国际化导向，同质化的办学定位、招生定位和人才培养定位，从而通过差异化的发展脱颖而出。劣势则很简单，就是没有了先发优势，要想后来居上就面临着很大的挑战，尤其是在国内外高等教育国际化同质竞争力加剧的环境下，我国面向东盟高等教育国际化发展既要解决内部尚不完善的问题，又要面对竞争激烈的外部环境。

（七）面向东盟的"桥头堡"——云南省高等教育的局限与挑战

把云南省建成中国面向西南国家开放的重要"桥头堡"是我国在新的国际国内形势下提升沿边开放的重要部署，也是完善中国全方位对外开放的必然选择。云南省地处我国领土的西南边陲，与东盟各国在地缘政治、地缘经济和地缘合作上有着天然的区位优势。作为中国与东盟 10 国联系与交往的重要前沿和枢纽，以及面向东盟的"前沿窗口"和"桥头堡"，云南省在面向东盟高等教育国际化发展中具有重要的战略地位。因此，该省高等教育的发展状况对我国面向东盟高等教育国际化发展有着重要的影响。高等教育国际化既是"桥头堡"战略的重要推动力，也是"桥头堡"战略对高等教育发展的必然要求。云南省高等教育发展具有独特的区位优势，尽管其国际化取得了一定进展，但是其水平不高、覆盖面不广，尤其与东盟国家缺乏全方位、多层次、宽领域、高水平的交流与合作，这与"桥头堡"战略的目标要求存在较大差距。

1. 地理和历史条件的局限

云南省东部属于云贵高原，西部崇山峻岭，平原面积在全省面积占比很小，这样的地理环境对高等教育国际化发展形成了一定限制。

由于历史原因，云南工业基础相对薄弱，产业结构相对不合理，人才基础相对薄弱，在一定程度上制约了云南省面向东盟的高等教育国际化。

2. 面向东盟的国际化人才培养力度不大

中国-东盟自由贸易区的建设和澜沧江—湄公河次区域的合作发展，需要大量熟悉和掌握东盟国家经贸和语言文化的复合型人才。地处中国，面向东南亚、南亚对外开放前沿的云南省，应该有一种紧迫感，充分利用并发挥区位优势和教学优势，提升语言人才培养的竞争能力，为云南乃至中国的对外开放培养大批具有经贸和法律知识、掌握东盟国家语言文化的优秀复合型人才。

随着我国面向东盟的对外开放步伐加快，掌握东盟国家语言的人才将会出现短缺，应加快这一类语言人才的培养工作。云南民族大学作为目前云南省唯一国家批准设立泰语、缅甸语、越南语、老挝语本科专业和"亚洲语言文学"硕士点的大学，近年来，东南亚语毕业生一直供不应求。除云南民族大学以外，其他云南高校也积极投身于教育国际化的建设。比如，云南师范大学成立汉语学院，其主要目标是加大对汉语教育的支持力度，加大对海外汉语教师的培训力度，以及建立为华人华侨服务的联络处等，但是从深度和广度上说，这些工作还无法满足现实环境对人才的需求，需要加大对面向东盟的国际化人才的培养力度。

3. 教师队伍整体水平不适应人才培养需求

目前，许多高校仍存在缺少高层次的学科带头人及创新团队的现实问题，博士点过少、学科影响力较弱、教师教育的引领作用不突出等现象也都存在，没有形成合理的学科梯队结构和教学科研团队，人才队伍的整体素质无法适应学校发展的需要。以上这些学科建设过程中的困境，归根结底是高水平教师队伍建设的问题。各高校对高水平师资的需求缺口非常大，同时，已引进的高层次人才的工作环境和生活条件难以及时改善和兑现，影响了优秀人才的进一步引进。另外，由于缺乏相应的资金和科研条件保障，学校首席教授、特聘教授、知名专家学者的引进聘用，博士及副教授以上中青年骨干教师的培养和省级教学团队、省级科技创新团队的建设工作等都存在诸多困难，致使学校整体改革和教师队伍建设陷入困境。

4. 部分高校基本办学条件不足

一些高校培养学生职业技能所必需的设施和设备不足，缺少实训教学基地，不能满足当前高等教育发展的需求。例如，云南部分学院基础设施还存在"缺、旧、少"的状况，学院扩大了招生规模，增加了专业，但现有的教学设施不能满足教学的需求；部分学院的学生住宿极为紧张，学院甚至腾出部分教职工休息房供学生住宿，但仍无法有效解决这种现状；部分学院的教学设备陈旧、老化，很多已过时淘汰，目前又面临专业转型、教学设备更新、实训基地扩建等问题，诸多现状与国家高等职业学院设置标准差距较大；部分学院的实验室严重不足，宿舍、教室简陋，也在一定程度上影响了学生的学习和生活。

基本办学条件的不足不仅在个别高职高专院校中较为突出，而且有的本科高校也同样存在。例如，云南部分学校用地不足以支撑现有办学规模。为适应今后国家和云南全省毛入学率不断增长的趋势，这部分学校的办学规模还将进一步扩大。土地资源的严重不足直接导致学校教学资源，尤其是实践性教学资源、重点实验室、学生宿舍和职工住房不足。同时，在教学与实验用房、设备、图书资料等方面也存在不达标的问题。

5. 区域交互措施尚有不足

云南省非常希望抓住中国-东盟自由贸易区启动的发展良机，深化与东盟经贸合作关系。然而，深入地看，大多数云南高等教育毕业生对东盟国家的了解和认识仅限于书本。不仅如此，由于部分高校毕业生缺乏开拓意识，不愿深入了解东盟国家存在的发展良机，错失许多机会。就现实而言，相当一部分东盟国家特别是越南等国非常欢迎云南高等学校的毕业生前去就业，并有很多企业派出代表通过云南省劳动力中心市场就近招聘云南省高等学校的应届毕业生，不仅待遇好、工作条件好，聘用条件也并不苛刻。但相当一部分高校毕业生一方面因为缺乏对这些国家、企业的了解而不愿意前往；另一方面则因为缺乏走出去的意识和信心，在很大程度上抑制了云南省与东盟各国的区域性交互。因此，鼓励、支持、引导区域性交互的措施亟待出台、完善和健全。

第五章 面向东盟高等教育国际化的实践探索

面向东盟高等教育国际化是我国与东盟国家在教育领域展开的合作尝试，如此有利于双方培养出更加优秀的综合性人才，对于中国与东盟社会发展而言都是一种十分有益的事情。基于此，为了探索面向东盟高等教育国际化的实践要点，本章即详尽论述了面向东盟高等教育国际化的发展原则、实践路径、创新举措与案例。

第一节 面向东盟高等教育国际化的发展原则

一、尊重差异原则

国家之间的种种差异，造就了丰富多元的国际环境与大量的挑战、机遇。不同国家之间、不同地区之间，只有相互正视差异、尊重差异，和而不同，周而不比，化差异为创新、创造的源泉，求同存异，才能共进退、同发展。

面向东盟的高等教育国际化是以文化的交流为根基的。中国和东盟各个国家，在长期的发展过程中都形成了自身独特的文化和传统，在文化方面既有相似性，也有差异性。中国与东盟各国人缘相亲，文脉同源，商贸往来频繁，历史交往悠久。这种深厚的历史传统，促使双方官方与民间长期以来的来往，推动了海上丝绸之路的欣荣。早在秦汉时期，中国文化典籍《诗经》《尚书》等输入东南亚一些地区。此后，包括中国文学在内的中国传统文化对东南亚产生了较大影响。近代以来，中国五四运动、无产阶级革命文学运动、抗战文艺运动以及中国现当代作家鲁迅、郁达夫、胡愈之、巴人等都对东南亚汉语新文学产生了影响。同时，东南亚的许多作家、学者也参与了中国现当代文学的发展，促进了中国与东南亚的文化交流。自共建"一带一路"倡议提出以来，中国与地处海上丝绸之路十字路口的东盟关系全面发展。随着经济、贸易、能源、金融、服务等领域合作的深入推进，中国和东盟的人文交流需要得到适当强化与提高。助推中国和东盟文化的沟通交流，强化不同文化、风俗、艺术的交流，可以有效推动不同民族不同文化的相互学习、借鉴与融合。中国与东盟长期、深厚的文化交流，有效地联结起双方的友谊。

中国-东盟高等教育共同体建设，应以文化交流为基础，架设起高等教育交流合作的连心桥。应当说，所有国家的高等教育都是建立在本国本民族历史文化传统基础上的。文化使高等教育获得了发展的养料，而高等教育则拓展了文化的内涵与外延。面对区域内各个国家及民族迥异的文化、传统，应当立足于文化多样性的角度强化彼此之间的文化认同，尊重各自历史文化背景所形成的身份意识，有效保留区域内多种文化的特色，丰富中国与东盟高等教育合作的内涵，减少甚至避免中国与东盟高等教育合作进程中可能存在的文化冲突，推进双方文化与教育的认同，深化彼此高等教育战略合作伙伴关系，形成一种相互促进、相互补充、相互完善、融合发展的高等教育合作新局面，推动中国与东盟的高等教育合作又好又快向前发展，不断提升中国与东盟的高等教育国际影响力和核心竞争力。

东盟是一个区域性国家联盟组织，各成员国之间和不同地区之间的差异也比较大。中南半岛、马来群岛分布着东盟10国，形成不同特质的文化圈层，在政治、经济、文化、人口、宗教、礼仪、习俗、语言等方面差异较大，高等教育的传统与资源优势各异。因此，推进中国-东盟高等教育共同体建设，强化高等教育区域交流合作，双方必须要尊重彼此的教育差异，尊重各国高等教育发展的特殊性，坚决避免以偏概全、恃强凌弱；要秉持尊重差异、和而不同的理念，积极寻求合作与交流的机会，加强彼此的沟通与了解；充分利用中国-东盟教育交流周、孔子学院与孔子课堂平台，举办中国-东盟教育博览会、教育会展、校长论坛，加强对外汉语言教学及交流，强化东南亚区域和国别研究，深化高等教育合作战略伙伴关系，增进相互之间的信任与了解，适当开拓高等教育交流合作的范畴，为中国-东盟自由贸易区提档升级、共同建设21世纪海上丝绸之路提供人文新支柱。

二、合作共赢原则

谋求互利合作、合作共赢，是中国与东盟国家达成的共识。"共识"是合作得以进行的基本条件，而为合作提供"共识"，就是制度的基本功能。它告知人们在何种条件下可以实施的事情，以及违背约定需要付出的代价这类共识，这是人们设计的一系列规则。由此，中国与东盟实施高等教育共同体建设，必须建立健全双方合作交流的政策法规、合约声明、协议协定，为推进双方交流合作提供制度保障。区别于传统的"非赢即输""非输即赢"合作观念，合作共赢原则追求的是双方共同盈利与利益的一致性。其中，共同盈利指的是合作一方在尽量获取利益的基础上，或者不使对方利益遭受损害的情况下，使对方利益获得一定程度的满足；而利益的一致性指的是在交流合作的过程中，合作各方应当竭力攫取各自利益中共同的构成，再凭借着共同的努力，扩大利益的总量，促使各方都可以取得更多利益。共赢原则可以显著地推动合作，减少相互之间的对抗，提高共同体建设的共同利益。如果要实现共赢，那么一定要竭力合作，寻求"1+1>2"的效力。合作原则强调合作双方应尽可能寻求使各方都获益的途径，在各方利益发生冲突时，应坚持以客观标准为基础，着眼于未来，对事不对人，缓和冲突，化解矛盾。

互利合作是深化中国与东盟关系的"压舱石"和"推进器"。近年来，中国与东盟国家在加强发展战略对接、加强经济经贸合作、加强互联互通建设、加强金融领域合作、加强人文交流合作等方面取得了非常优良的效果，这些合作不仅可以满足彼此发展的需求，而且使双方民众得到了切实的利益。2016年是中国与东盟建立对话关系25周年，伴随东盟共同体的建设和发展，中国和东盟之间的关系达到了新的高度，我国时任总理李克强在老挝与东盟国家领导人聚焦区域合作发展大计，规划合作共赢新蓝图，携手推进更为紧密的中国-东盟命运共同体建设。时任总理李克强重点谈到中国愿同东盟国家共同推进"一带一路"建设，对接发展规划，有力、有序、有效推动互联互通合作，推进中老昆万铁路、中泰铁路、雅万高铁等大项目，探讨制定中国-东盟交通合作战略规划和交通科技合作文件。东盟是共建"一带一路"的重点方向、重点地区，聚集了许多合作建设"一带一路"的重点国家和重点项目。与此同时，建设更为紧密的中国-东盟命运共同体，将更加有利于双方长期、友好的合作，也会使双方的发展迎来全新的机遇，有利于共建"一带一路"的持续推进。共建"一带一路"倡议得到东盟国家的高度重视和积极响应，东盟国家将通过整合《东盟互联互通总体规划2025》与中方提出的共建"一带一路"倡议的共同优先领域，讨论强化双方互联互通合作的形式，并主动参加相关多边金融机构中去，最终达成中国和东盟双方的共同发展。中国与东盟经济十分紧密的交流和合作，能够使面向东盟的高等教育国际化获得良好的物质基础与资源保障。

改革开放以来，中国经济呈现高速发展趋势，社会各领域也取得了不俗的成果，综合实力不断提升，在国际社会也表现出越来越大的影响力。相较之下，东盟各成员国的发展却并不均衡，在经济实力、科学技术水平、生产力发展状况、高等教育规模与质量等方面参差不齐，少数东盟成员国家的整体实力还非常薄弱。客观现实决定了中国与东盟各成员国之间经济社会发展的互补性、文化教育合作交流的必要性。长期以来，在我国与东盟各国交流合作的历史进程中，我们始终奉行和平共处、互利共赢原则，对东盟及其成员国实行"与邻为善、以邻为伴"和"睦邻、友邻、富邻"方针，以及习近平主席提出的对邻国政策要体现"亲、诚、惠、容"的新理念。中国坚决不施行恃强凌弱的强权政治，而和其构建起平等、友好的合作伙伴关系，对其独立主权与民族尊严表示充分的尊重，并未对其内政进行任何干涉。中国亲自践行着和平发展战略，不谋求霸权和对地区及国际事务的主导权。只有这样，中国和东盟高等教育合作才会形成互利互信的体系，寻求双方合作交流意愿，奠定良好的社会民意基础。加强中国与东盟高等教育合作，建设中国–东盟高等教育共同体，双方应当以缔结条约、协议为依据，向对方提供最惠国待遇或国民待遇，杜绝任何形式的歧视性做法与待遇等。面对双方高等教育合作交流过程中出现的冲突，中国和东盟各国应当构建起互利互信的交流机制，彼此协商解决，积极推进"双十万学生流动提升计划"、互联学历学位制度建立、终身学习框架建构落地落实，促进双方高等教育合作良性发展。

三、协商一致原则

协商一致原则是中国与东盟各国之间调整各领域关系的重要手段和机制。秉承协商一致的原则，能够确保中国和东盟双方的合法权益，确保双方关系的协调稳定，有利于缓和局部紧张的关系并深化交流理解，激发双方的主动性与创造性，强化双方合作绩效，推动各项议程与计划的实施。对形成中国-东盟双方健康关系的自主调节发挥有利作用。协商一致原则作为协调机制使双方依法行使各项权利，并依法履行义务，该原则对推进中国-东盟共同体建设特别是高等教育共同体建设具有重要规范性意义。

协商一致是关贸总协定解决争端的基本方法。《关税及贸易总协定》第二十二条和第二十三条是总协定争端解决程序的核心条文，其中规定的协商包括争端当事方之间的双边协商和缔约方全体主持下的多边协商（也称集体协商），是总协定各项争端解决程序的首要方法。协商和协商一致作为一项基本原则，适用于争端解决机制等重要方面。若是缺乏各参与方自愿、平等的协商，或者虽然经过协商却并未达成一致意见，便无从谈及建立合作组织及更为广泛意义上的多边合作制度。由此可见，协商和协商一致是合作组织在合作过程中必须奉行的一条原则。应当说，协商原则渗透在合作的各个领域和过程中。协商一致是合作组织决策程序的一项基本准则。协商一致原则分为积极协商一致和消极协商一致。其中，积极协商一致可以理解为充分协商后的一成员否决制，但又应为协商一致的表决制度不采用投票的方式，没有投票就不算一票否决制；消极协商一致则反之，即对反对通过某项决议的协商时，有任一成员表示赞成通过，则该协商视为通过，亦可理解为充分协商后的一成员赞成制。

国与国之间、地区与地区之间的合作不可避免地会发生矛盾、纠纷，而通过合理的协商进行积极沟通，最后得到双方一致认同的决策和解决方法，往往广泛应用于国际组织与地区合作的问题解决过程之中。不可否认的是，在中国和东盟高等教育共同体建设过程中也具有许多影响合作稳定性与未来发展的内部因素与外部因素，更会因为区域内文化的多样化、政治体制的多元性、经济发展水平的不平衡性以及其他方面的原因发生冲突。出现问题并不奇怪，关键在于怎样准确分析并解决相关问题。为了使面向东盟高等教育国际化坚定而有序地向前推进，保持着包容的态度通过相互协商来解决矛盾和争议，才是最优的选择，同时也是应该坚持和落实的原则。东盟就是将协商一致原则作为基本的组织原则，以规范约束其组织行为：首先，在全体一致的基础上做出决策；其次，对话协商后不能达成一致意见，则搁置问题，求同存异；最后，东盟成员国应使本国利益服从东盟整体的利益。

历史和现实的实践经验证明，在认同客观差异的基础上，借助平等协商来解决彼此之间冲突，尊重双方的利益诉求，是有效解决问题的要点。在面向东盟高等教育国际化过程中，应当始终秉承协商一致的原则，才能满足双方的利益诉求。当前，中国与东盟在发展战略对接、加强经济经贸合作、强化互联互通建设、推进金融领域合作、注重人文交流合作等各领域的务实合作正显示出旺盛的生命力。而作为中国和东盟合作领域重要内容的高等教育共同体建设，能够极大地增进中国与东盟各国之间的文化认同、价值认同与身份认同，同时也对深化中国与东盟战略合作伙伴关系发挥着基础性、先导性、战略性和广泛性推动作用，理所当然应该放在双方合作重要领域、优先方向。因此，以合作求共赢，以合作促发展，坚持以"亚洲方式""东盟方式"，借助合理沟通、平等协商来化解双方的分歧，这是中国和东盟在长期合作过程中达成的一致意见，也是保障面向东盟高等教育国际化持续、稳定推进的重点。

四、优势互补原则

每个个体与组织都存在自身的优势与特色。优势可以体现个性，专长可以创造价值。在市场竞争异常激烈的当今社会，缺乏比较优势的个体往往难以得到很好的生存与发展。缺乏比较优势的企业，很难增加股东财富。由此，一方面，依据社会分工，要让每一个人去做最适合他做的工作，让每一个企业生产最适合它生产的产品，个体才能创造价值，企业才能提高经济效益；另一方面，要能做到"人尽其才、物尽其用"。如果每个人都去做能做得最好的事情，每项工作都能找到最称职的人，个体的价值就能得到释放，社会效益就能得以提升。同时，当今社会，你中有我，我中有你，唯有坚持优势互补，合作共赢，兼顾各方利益和关切，寻求利益契合点和合作最大公约数，体现各方智慧和创意，各施所长，各尽所能，方能把各方优势和潜力充分发挥出来，创造社会最大财富。

中国和东盟在地理位置上彼此毗邻，文化传统上也有深厚的渊源。双方应当建立诚挚的合作关系，优势互补，取长补短，才可以共同享有发展的红利。中国和东盟之间的互补关系大于竞争关系，机会大于挑战，利大于弊。合则"双赢"，分则俱损。中国与东盟各国在经济贸易、环保卫生、交通运输、文化教育等领域具有优势互补性。就高等教育共同体的建设而言，中国与东盟各国如今紧要的任务便是培养出拥有国际视角、竞争力强劲、可持续发展能力优越的优秀专业人才，只有加强地区与各国之间的合作关系，利用彼此的优势进行互补，才可以实现"双赢"，共同进退。中国和东盟施行高等教育国际交流合作方面存在着良好的地理优势与文化传统优势，尤其是近年来中国-东盟相继开展一系列经贸、投资、科教、旅游等领域的相关合作，签署了一系列双边合作文件及合作项目，为中国-东盟高等教育共同体建设奠定了良好的物质基础、政策环境。把握好当前的有利形势和发展条件，就能推动高等教育共同体建设有序有效实施。

面向东盟高等教育国际化过程中，各国在高等教育发展传统、层次和结构、规模和速度上呈现差异性，各具特色优势。从教育基本情况来看，中国、新加坡、泰国、马来西亚相对于其他东盟国家，经费投入较大，高等教育体系日趋健全，师资水平、教学设备、教学配套设施等较为充足。在教育体制方面，新加坡、马来西亚、泰国、菲律宾、印度尼西亚等受到过西方宗主国的影响较大，与英国、法国、美国的高校交往密切，高等教育体制较为完善，国际化程度较高，同时留学费用又相对欧美国家较低。就个别国家而言，新加坡是亚洲地区高等教育最发达的国家之一，新加坡国立大学、南洋理工大学、新加坡管理大学都是举世闻名的高等学府。马来西亚高等教育最著名的是双联课程和学分转移课程，一种独特的国际化水平较高的高等教育模式。马来西亚众多高校实行与英国、美国、澳大利亚等大学联校的高等教育办学体制。泰国高等院校与欧美等国家知名院校签有联合办学协议，有相当一部分大学以汉语、英语、泰语三种语言授课，课程国际化程度极高。特别是泰国高校采用汉语授课方式吸引大批中国学生赴泰学习深造。菲律宾是世界上第三大用英语交流的国家，英语普及率高，英语作为高校的教学语言，其优势专业和英语具有非常紧密的关系，其医护类专业、英语教育、酒店管理、观光、工商管理、大众传媒、商科、艺术、计算机等就业前景较好。东盟国家这些高校的优势和特色完全可以和中国高校互补。当然，中国高等教育提供的人力资源绝对量具有优势，高等教育不断促进知识的创新，加之中国高校的"双一流"建设正在有序推进，这也能够在一定程度上启迪东盟国家高等教育的改革发展。中国与东盟各国秉持"和平合作、开放包容、互学互鉴、互利共赢"的思想，秉承着优势互补、互利共赢的原则，在人员交流、项目合作、援外培训方面展开了深度合作，必定会打造东盟高等教育国际化的新格局。

五、非歧视性原则

非歧视性原则是指在国际贸易中，一缔约国在实行某种限制或禁止措施时，不得对其他缔约国实施歧视待遇。这一原则包括两个方面：一个是最惠国待遇；另一个是国民待遇。成员一般不能在贸易伙伴之间实行歧视政策，给予一个成员的优惠也应同样给予其他成员，即最惠国待遇。这个原则非常重要，在管控货物贸易的《关税及贸易总协定》中位居第一条，在《服务贸易总协定》中是第二条，在《与贸易有关的知识产权协议》中是第四条。因此，最惠国待遇适用于世贸组织所有三个贸易领域。国民待遇，是指对外国的货物、服务以及知识产权应与本地的同等对待。最惠国待遇的根本目的，是保证本国以外的其他缔约方，能够在本国的市场上与其他国家企业在平等的条件下进行公平竞争。非歧视性原则是世界贸易组织的基石，是避免贸易歧视和摩擦的重要手段，是实现各国间平等贸易的重要保证。

作为 WTO 成员方，中国与东盟在高等教育共同体建设过程中，应遵循 WTO 相关原则、章程、协定等。作为 WTO 各项协定、协议中最重要的原则，非歧视性原则应充分落实到面向东盟高等教育国际化之中。高等教育作为国际服务贸易的一部分，理所当然应该遵守非歧视性原则。尤其是2004 年 11 月举行的第八次中国与东盟领导人会议上，双方签署了《货物贸易协议》和《中国与东盟全面经济合作框架协议争端解决机制协议》，将双方的政治与经贸合作向前推进了一大步。在 2007 年和 2009 年举行的第十次领导人会议和第十二次领导人会议上，中国与东盟分别签署了《服务贸易协议》和《投资协议》。2010 年 1 月，中国与东盟宣布正式建成中国-东盟自贸区，开启了中国与东盟实现经济一体化的历史进程，为中国与东盟高等教育合作提供了新的契机。中国和东盟的繁荣发展可谓息息相关。只有双方保持着良好的合作关系，彼此和谐共生，才是最为明智的举措。这不仅是高等教育国际化发展的实际需求，也是各国教育甚至国家发展的战略选择。

要实现东盟高等教育的国际化，中国和东盟建立起良好的经贸合作关系是非常重要的前提。双方在经贸合作中秉承着非歧视原则，不仅能够确保中国和东盟携手并进、和谐发展，同时也体现了各国的信誉度。双方应当充分落实中国-东盟自贸区升级相关议定书，促进货物贸易和投资便利化，进一步开放服务市场，提升经济技术合作水平。中方在广西设立国际进口贸易促进创新示范区，建设跨境电子商务平台，进口更多的东盟商品。建设好中老、中越、中缅跨境经济合作区，探索推广"两国一检"通关新模式，推动标准互认推广，降低非关税壁垒，共同推进区域全面经济伙伴关系协议（RCEP）进程，促进区域经济一体化发展。据商务部统计，2016 年中国-东盟全年贸易额 4 522 亿美元。中国继续保持为东盟第一大贸易伙伴，东盟是中国第三大贸易伙伴、第四大出口市场和第二大进口来源地。中国与东盟紧密的经贸合作，为高等教育共同体建设奠定了坚实基础。伴随经济发展一体化、政治格局多元化、高等教育国际化的深入推进，强化中国-东盟命运共同体建设，支持东盟共同体打造，顺应了时代发展的趋势，迎合了双方国家发展的需要，是推动双边强化合作、增强互信的有力举措。为此，强化中国与东盟高等教育合作交流，推进面向东盟高等教育国际化，中国与东盟各国要认真落实非歧视性原则，绝不能歧视或差别对待对方国家，充分尊重他国文化、习俗、传统，以积极的态度面对合作中的矛盾与困难，主动探索解决问题的思路和方法；同时，绝不允许和接受他国不公正的待遇。立足发展，摒弃偏见，相互尊重，合作共赢，这是推进面向东盟高等教育国际化应有的态度①。

六、国际化与开放性原则

国际性是由高等教育国际化的内涵和本质属性决定的。高等教育国际化是在国际的背景和范围内开展的，开展国际化的目的就是要通过开展跨国、跨界的科学研究合作、人才培养以及学生和教师多形式、多途径的国际交流，传播和借鉴国外先进的办学理念、模式、方法、手段，提高高等学校办学水平，提升区域高等教育发展的整体水平。因此，在国际化的进程中应遵守国际性规则，面向东盟高等教育发展的现实状况，树立国际视野，遵循国际惯例，学习和借鉴东盟发达国家高等教育现代化的经验和教训，设计中国高等教育国际化的战略，寻找国际化的发展路径，构建面向世界的教育体系，完善高等教育国际化的合作机制、制度保障体系、质量保障体系，培养目标要向国际看齐，要体现教育的"面向世界"，少走弯路，加快高等教育的发展速度，不断缩小与发达国家高等教育现代化的差距。

开放性是高等教育国际化的内在属性和要求。经济全球化加剧了现代社会的竞争，科学技术的发展特别是网络与信息技术的发展对社会组织方式、工作内容和模式等都产生了显著的影响。高等教育要回应社会与技术

---

① 李化树. 面向东盟高等教育国际化行动框架 [M]. 北京：中国社会科学出版社，2017：211.

的发展给高等教育带来的要求和挑战，就一定要加速自身的建设。高等教育的发展面临的是全面深刻且不随着人的意志转移的变革，需要从社会环境的开发中得到生机。高等教育国际化发展模式的开放性规则主要表现在对社会与对国际开放两个方面。因此，中国高等教育在国际化的进程中应通过教育的全面开放，培养自我更新、自我调节、自我适应社会环境的能力。中国高等教育还要向社会开放，走向国际，国际化进程就是增强高等教育自身发展、调整和适应能力的过程。

七、针对性与实效性原则

针对性原则是高等教育要服务社会发展的本质要求的规定。高等教育国际化最终旨在满足区域中社会发展的需要与高等教育本身发展的需要，国际化过程便是围绕着这两个目标来施行。中国高等教育国际化的针对性规则的实施，首先要面对的是经济社会发展过程中需要通过高等教育的国际化来解决和提升的问题，要建立和完善中国与东盟国家的高等教育交流与合作机制，在人才培养体系和模式的完善，科学研究的联合开展，专业设置、课程体系、师资队伍等方面合作；其次是要针对中国高等教育自身的实力提升问题，在国际化的进程中通过学习和借鉴，在学科实力、教师队伍、管理手段、制度设计等方面有所改善，来提高中国高等教育的整体实力与水准。

实效性原则是衡量高等教育国际化是否为社会发展服务、是否能够有效提升高等教育的整体实力的效用要求。中国-东盟高等教育国际化的实施不能脱离中国及东盟的现实状况去设计、实施，不论开展的领域和合作的对象如何，只有服务于区域的社会发展，有利于双方合作过程中的成效，才可以在体制和机制上得到健全与保证，才可以使国际化持续、深入推进。只有充分推动高等教育自身实力的提升，区域内的高等教育机构开展国际化的动力机制才能建立和完善，也才能使以高等学校为实施主体的国际化由政府主导的外部驱动变为以大学自主的内部驱动，才可以深化国际化的实践、提高效用、实现目标。

只有坚持以上原则，国际化的实践才能够得到深化，效用才能提升，目标才能达成。

八、适应性与超前性原则

高等教育是教育体系里与社会联系最紧密、能够为社会提供直接服务的教育机构，所以它较为显著地受到社会的影响与束缚。只有顺应社会的发展要求，才能在最大程度上体现出高等教育的社会价值。高等教育的任务是培养具备创新能力与社会责任感的人才，这也表明了现代社会对高等教育的需求与依赖，自然也就决定了高等教育必须接受社会对其提出的相关要求。中国高等教育国际化的任务就是要以先进的教学手段，适应中国对面向东盟高层次专门人才培养质量与数量的要求，适应对高层次专门人才培养多样化的需要①。

第二节　面向东盟高等教育国际化的实践路径

一、构建学历学位资格框架

自 20 世纪 80 年代以来，伴随高等教育国际化、大众化、信息化发展，高等教育学历、学位国际互认问题，引发国际社会广泛关注。1983 年，联合国教科文组织亚太教育局在泰国召开会议，并通过和签署了《亚太高等教育学历、文凭与学位相互承认地区公约》。这一公约的实施，推动了本地区高等教育的国际化发展。1993 年 10 月 25 日至 11 月 16 日，联合国教科文组织在巴黎举行第二十七届会议，发表《关于承认高等教育学历和资格的建议》。该建议规范并加速了世界各国学历、学位互认进程，成为推进高等教育国际化的一项重要举措。国际高等教育学历、学位互认，对于规范并促进各国学生、教师和职员的流动，深化高等教育机构之间的交流合作，实现高等教育资源共享，有着十分重要的意义。伴随中国-东盟自贸区的提档升级，特别是共建"一带一路"倡议的实施，不断深化的中国-东盟双边关系使得中国和东盟的高等教育合作日益优化，展现出优良、光明的前景。然而，根据当前的情况来看，中国与东盟各国的高等教育学历、学位互认进程进展相对缓慢，仅与泰国、越南、菲律宾、马来西亚和印度尼西亚 5 个国家完成了学历、学位互认工作，和其他东盟国家尚未达成一致意见。所以，中国和东盟各国应当对已经取得的成绩予以巩固，并借助平等公正的交流，力求扩大高等教育市场开放的范围，大力推动教育

---

① 杨志宏，宋海静，蔡梅."一带一路"背景下"贵州-东盟"高等教育合作机制创新研究[M].北京：清华大学出版社，2023：70.

对外服务贸易，消解教育服务贸易壁垒，提升学历、学位互认在双边高等教育合作中的地位，推进双边高等教育战略合作伙伴关系不断向前发展。

为了顺应"互联网+"时代的变化，更好地应对人口老龄化的趋势，应当尽可能优化亚洲公民的知识与能力，充分提升中国-东盟的凝聚力与竞争实力，积极促进亚洲知识中心建设，终身学习的必要性变得愈发显著。在该背景下，建立中国-东盟高等教育区总体学位资格框架计划，已被提上重要议事日程。

中国-东盟高等教育区总体学位资格框架应是一种以学习者为中心，基于学习成果，有目标导向和相应市场需求，按照一系列标准，规定学习水平资格的分类工具。该资格框架是以中国和东盟国家高等教育共同的基本学习领域、共同的亚洲价值观和亚洲共性文化为基础，并且应得到中国和东盟国家普遍而广泛的应用实践。学位资格框架建立的目的是提高资格的透明度，增加学习机会，提高学习的进步性和质量，密切学校与劳动力市场以及公民社会的关系。中国-东盟高等教育学位资格框架的开发，是基于"互联网+"信息时代教育的革命性变革，塑造21世纪亚洲公民，以及建设亚洲知识中心，以注重学习结果的理念为引领，表明资格授予是依据学生取得的学习成就而非学习年限，这是教育教学组织方式的彻底革新。构建中国-东盟资格框架主要旨在使其成为比较各国教育和培训资格的转换设计和中立参照点，深化相关利益攸关方之间的合作，增进相互之间的信任。

中国-东盟高等教育区总体资格框架与中国-东盟另一个重要的总体资格框架——中国-东盟终身学习资格框架相互兼容。前者涵盖中国与东盟高等教育一体化进程11个签约国家，是一个部门机构性质的高等教育资格框架；后者则是以中国与东盟为主导，涵盖各级各类教育的综合性资格框架，覆盖中国-东盟系统中的11个国家。

资格框架是提高中国-东盟高等教育区内资格兼容性和透明度，促进高等教育系统内部和系统之间学习者流动的重要工具，有助于高等院校开发基于学习结果和学分的模块和课程专业。为此，中国与东盟应尽早签署《中国-东盟高等教育学历、文凭与学位相互承认地区公约》。确立建立亚洲高等教育共同体，作为其总体目标的核心内容，就是要构建中国-东盟高等教育区总体学位资格框架，确定为中国-东盟高等教育区构建一个具有操作性、兼容性的学位资格框架，并设置每个学段的特定标准，表明每个学段学习者需要取得的学习成绩、达到的学习时间与能力。要求所有参与成员国以该规划为根据建立起学位资格框架，建立起与中国-东盟高等教育区总体资格框架相兼容的国家高等教育资格框架。构建国家高等教育资格框架是实现终身学习的重要环节，到了 2030 年年底，中国-东盟各签约国要在高等教育一体化进程框架内实现国家高等教育资格框架的自我认定。

（一）中国-东盟高等教育区学位资格框架

参照欧盟办法，中国-东盟高等教育区学位资格框架可以把资格从低到高分为八级水平，每一级水平分别描述学习者掌握的知识、技能和能力。学位资格的八级水平具体如下：

第一级水平：要求学习者具有基础的、一般性的知识；具有完成简单任务的基本技能；能在监督下进行工作或学习。

第二级水平：要求学习者具有特定工作或学习领域的基本事实性知识；在完成任务与解决问题时，学习者可以对简单的规则与工具运用自如，并拥有良好的认知能力和实践能力，学习者可以在监督下积极地投入工作中。

第三级水平：要求学习者具有特定工作或学习领域的事实性知识、原则、过程和一般性概念；具有选择并使用基本方法、工具、材料和信息来完成任务的技能以及解决问题时所需要的一系列认知技能和实践技能；学习者能在工作或学习中负责完成任务，并能顺利解决问题。

第四级水平：要求学习者具有特定工作或学习领域中的广泛实践性和理论性知识；具有特定工作或学习领域中解决特定问题所需要的一系列认知技能和实践技能；在能够预知并变化的工作环境或学习环境中，学习者能够进行自我管理并能对他人的常规工作进行监督，可以负责评价与改良工作或学习活动。

第五级水平：要求学习者具有特定工作或学习领域中的综合性、专业性、事实性和理论性知识以及相关的边缘性知识；可以富有创造性地解决抽象问题需求的大量综合性认知技能与实践技能；在无法预知后续变化的工作或学习活动中，学习者可以管理与监督，并能对自己与他人的业绩做出合理的审查。

第六级水平：要求学习者具有特定工作或学习领域中的高级知识，包括对理论和原则进行批判性的理解；在特定的工作或学习领域中，学习者可以巧妙、有效地解决一些繁复的、无法预测的工作；可以管理复杂、专业且具有一定技术含量的活动项目，可以在不可预知的工作或学习环境中负责决策问题和负责管理个人、团体的专业发展。

第七级水平：要求学习者具有特定工作或学习领域中的高级专业性知识和前沿性知识，可以批判性地认识其他某一领域中的知识以及不同领域间的交叉性知识；在研究和创新活动中学习者具有解决问题所需要的技能；学习者能够应对复杂的和不可预知的工作或学习环境，能够提高专业性的知识水平和实践水平，负责检查团队的战略性业绩。

第八级水平：要求学习者具有特定工作或学习领域中最前沿的知识和不同领域之间的交叉性知识；具有研究和创造性解决关键问题时所需要的最高级、最专业的技能，具有扩展已有知识和实践所需要的最高级、最专业的技能；学习者在研究中能表现出真正的权威性、创新性、自主性、学术性和专业性，并能够不断地发现新知识和新方法。

中国-东盟高等教育区学位资格框架依据学习者的学习状况可以分为学士、硕士和博士三个阶段。第一阶段，学士阶段要求完成180~240学分，充分掌握某个领域的专业理论知识，并可以将其运用于实践，表现出优良的技能水准与自主学习的能力。第二阶段，硕士阶段要求完成90~120学分，在这一阶段的学习中，要求学习者在学士阶段的基础上持续拓展自身的知识领域，可以在信息不健全的情况下，利用已经习得的知识有效地解决复杂的实际问题，保持着自主、持久的学习能力。第三阶段，博士阶段的学习并未提出专门的学分要求，该阶段需要学生单独研究某个领域的能力，可以在这一领域提出自身独到的见解，拥有促进社会知识更新、文化发展的专业能力。

（二）中国-东盟签约国国家学位资格框架

中国-东盟资格框架作为中国-东盟范围内统一的资格参考标准，有利于各国转换与对比学习者在国内外迥异的教育与培训机构获得的资格，提升资格的透明度，强化对非正规和非正式学习成果的认证。中国-东盟资格框架的有效实施，最好的办法是各签约国建立一个与中国-东盟资格框架相适应的国家资格框架。

由于中国-东盟各签约国经济水平具有差异，高等教育传统与资源也不尽相同，教育和培训体系各具特色，其开发国家高等教育资格框架的起点和进程不一样，签约国资格框架的建立可以分步分段实施。例如，截至

2020年年底，中国、新加坡、马来西亚、泰国四个国家陆续开发出国家资格框架，发表国家高等教育资格框架与中国-东盟高等教育区资格框架相兼容的自我认定报告；印度尼西亚、菲律宾、柬埔寨、越南、老挝、缅甸、文莱七个国家于2030年前可以开发出国家资格框架，发表国家高等教育资格框架与中国-东盟高等教育区资格框架相兼容的自我认定报告。

为保证资格框架建立的顺利推进，中国与东盟应该成立资格框架协调小组，专门负责协调落实资格框架建立及实施相关工作。各成员国在质量保障、认证、指导和关键能力方面，要加强合作，密切配合。开发国家高等教育资格框架涉及理念更新、制度建设和工具开发，难以期待多数国家在2030年前完成资格框架的开发进程，所以对资格框架开发、实施的复杂性和艰巨性应有充分的估计。资格框架的建立，需要以构建中国-东盟高等教育国际标准体系和质量保障体系为其支撑。中国-东盟高等教育区国际标准体系是高等教育国际接轨、高等教育标准化的基础，有利于消解高等教育服务贸易的阻碍，推动高等教育、教学与科研的发展革新，提升标准水平，完善标准体系，强化中国-东盟与世界各个国家之间的交流与协作。学分改制同样是构建中国-东盟高等教育区学历学位资格框架的一项重要改革任务。当前，中国-东盟高等教育区的联结程度有限，学历学位资格框架的建构应当施行学分互认。中国-东盟高等教育区学分互认应跨越区域、国家、部门和高等院校，从而强化中国-东盟高等教育区的渗透性。构建起中国-东盟高等教育学分转换机制，使学分互认得以在中国和东盟各成员国之间畅行。

中国-东盟高等教育共同体学历学位资格框架是随着共同体的建设持续推进的，共同体学历学位资格框架的构建是共同体建设的重要组成部分，只有中国-东盟高等教育共同体学历学位资格框架进一步完善，构建优良有序的运行体制机制，才可以在真正意义上完成共同体建设。学历学位资格框架影响着整个东盟区域高等教育的一体化发展，东盟和中国只有建立起更加密切的合作关系，才可以促进双边高等教育战略合作伙伴关系永续健康发展。

二、实施区域学分累积制度

跨国高校间的学分积累和转换，是指跨国高校之间进行合作交流并进行学分的积累和转换，转换的学分能被彼此高校所认可。学分积累与转换是促使学生自由流动，推动社会成员树立终身学习意识，并培养亚洲合格公民的良好路径。学分积累和转换的价值目标可以概括为"三个促进"：一是促进资源共享；二是促进学生流动；三是促进终身学习。在中国-东盟高等教育共同体建设过程中，中国与东盟高等教育领域引入区域学分累积制度，即中国-东盟高等教育学分积累和转换系统，成为融合中国和东盟高等教育的良好武器。这一系统在中国-东盟高等教育一体化进程里，能够有效强化区域高等教育的合作力度与透明性。

在东南亚地区，自20世纪80年代以来，在亚洲开发银行的支持下，东南亚教育部长组织高等教育与发展区域中心致力于协调与联络大湄公河次区域的高等教育以及建立学分互认，并且和区域外国家（日本、韩国）协作，共同建立学分互认的机构，实施大湄公河次区域学分互认机制项目。2006年，泰国佛统皇家大学与云南师范大学对外汉语专业本科生培养开展项目合作，实施学分互换互认。2012年，中国百色学院与马来西亚英迪国际大学签署《中国百色学院与马来西亚英迪国际大学学分互认协议》。东盟部分成员国与中国地方高校借助中国-东盟博览会平台，积极开展高等教育学分互换互认的有益探索。东盟大学联盟建立的学分互认机制，其目的在于促进东盟国家之间深入的学术交流，为东盟整合好东盟大学联显学生资源的储备，并在区域内协调统一东盟精神，通过向学生提供进一步选择课程方案的方式来给予大学相关补充项目。学分转换计划是一个以学习者为中心的学分积累和转换系统，它以学习结果和学习过程的透明性为基础。作为一种工具，它增加了课程和专业资格的透明度和可理解性，使不同国家、不同机构间的学习更具可比性，从而促进了学习成果的互认，为学生的流动提供了便利。学分转换计划宗旨在于打通东盟各国的高等教育学制系统，推动了学历互认，使学生获得了一个具有较强透明性的课程系统与学习项目，强化了各国高等教育界的关联，为东盟高等教育领域人员的流动提供了便利，能够吸引更多留学生至东南亚求学。学分转换计划在东盟国家的落实，实现了区域内多元高等教育资源的整合，使质量认证与学分互认变得更加透明，促进了学生的广泛流动，充分发挥了高等教育在人力资源开发中不可替代的作用。

面向21世纪，中国-东盟高等教育学分转换和累积系统的构建，适用于该区域学位体系中的学士和硕士阶段，博士阶段无学分修习要求。它的主要内容有以下五项：

第一，全日制的学生每年要修习 1 500~1 800 个学时，相当于大约 60 学分。

第二，学生要获得某一课程的学分，必须通过该课程的相关考试并且获得合格的评价。

第三，学习的评价不应只局限于期末考试，同时还应涵盖上课出勤、参与讲座、独立学习成果、平时作业质量等因素，将其纳入学生的评价体系里，才能够对学生的表现做出更加全面的评价。

第四，学生通过考核所获得的学分值由该课程的学习任务难度以及所需的学习工作量来确定。

第五，中国-东盟高等教育学分转换和累积系统将学生的评级分为合格和不合格两个层次，学生学习的优劣等级由各国评定。其中，合格这一层次分为五个等级，并且每个级别都有一定的人数限制（较为优秀占10%，优秀占25%，一般占30%，良好占25%，合格占10%），不合格分为适当努力即可达到合格水平和需要付出大量努力才可合格两个等级。

中国-东盟高等教育共同体实现的学分积累和转换的过程包括：为课程分配学分、授予学生学分、实现学分积累和转换。由于中国和东盟各国之间学习所代表的工作量具有显著的区别，不利于互相对比，所以建议中国-东盟高等教育学分转换和积累系统采用统一学分标准，并制定出非常详尽细致的学分分配策略。若是学生达到了课程评价制定的及格线，那么便会得到该课程的全部学分。中国-东盟高等教育学分转换和积累系统学分，并未体现学生学习的情况，其课程完成水平需要依托各合作高校的评价等级系统来表现。基于转换系统规定，学生能够在一段非连续性的时间中学习，进而积累学分，在条件较为成熟时，便能获得相应的学位资格。当学生从一所学校转入另外一所学校继续学业时，如果转入学校认为该生在原来学校所选修某门课程的预期学习结果以及学生通过考试的情况满足本校该课程的要求，那么他们在原来学校所获得的课程学分，也应该转入该校并获得认可，即实现学分在不同教育机构之间的转换。

中国-东盟高等教育学分转换和累积系统学分，不仅可以在空间上实现跨国、跨院校转移，破除学校和学校之间的界限，打破国家和国家之间的阻碍，还可以在时间上进行跨学习阶段持续计算，便于中国和东盟各国高等学历之间的相互对比。中国-东盟高等教育学分积累和转换系统在促进中国与东盟各国大学生在亚洲地区进行学业流动及就业，构建统一、透明的中国-东盟高等教育共同体，一定会发挥关键的作用。

中国-东盟高等教育学分累积制度，是学分体制改革的重要内容，它的实施有利于提高中国与东盟各国高等教育建立合作执行效率，有利于各签约国高等教育资源的有效整合、优势互补，有利于推进中国-东盟高等教育协同发展，增强内生动力，提高国际竞争力。区域学分累积制度的具体实施，可以通过建立中国-东盟高等教育学分银行来实现。学分银行是一种模拟和借鉴银行的功能特点，使学生能够自由选择学习内容、学习时间、学习地点的一种管理模式。很多年前，西方发达国家便已开始施行"学分制"，在校学生每个学期都可以根据自身意愿与喜好选择部分课程。"学分银行"制度以弹性学习制替代了原来的固定学习制。依据"学分银行"的制度，学生只要学完一门课，便可以累积一定的学分，参加技能培训、考证也计学分，然后按全部应得学分累计；同时，允许学生不按照常规的学期时间开展学习，而是像银行存款零存整取一样，学习时间可集中也可中断，即使隔了几年，曾有的学习经历仍可折合成学分，存于"学分银行"。"学分银行"通过承认其已有学分吸引更多的潜在学习者，有助于激发学习者的学习热情，有助于高校和市场接轨，有助于各类教育沟通衔接。"学分银行"不只是高等教育制度的革新，更为关键的是为中国和东盟各国普及高等教育提供人性化服务。当前，随着"互联网+"时代的来临，在学习化社会建设的大背景下，中国和东盟各国愈发需求人才多样化与公民自身多元化发展。而传统正规教育无法满足亚洲知识中心的建设需求，正规与非正规、线上与线下相结合的现代高等教育办学模式如何得到社会的认可，如何满足社会与个人的需要，如何更具合法性和可操作性，都将是建设"学分银行"的价值所在。

三、推动跨校课程合作开发

推动跨校课程合作开发，旨在集聚合作高校力量推动优质课程资源建设、共享和应用，为深化人才培养模式。课程体系，教学内容和教学方法的改革提供强大的课程资源支持和公共服务保证。优质教学资源的合作共享，是深化中国-东盟高等教育战略合作伙伴关系，提升高等教育合作效益水平的必然选择。在"互联网+"时代，存在着大量的教育参与者，开放、共享与协同成为一种必然的态势。高校教师不仅是使用教学资源的群体，而且是创造、建设教学资源的群体。应当在最大限度上发挥合作高校教师的创造性比作用，构建教学资源共建共享机制，推动商校课程合性开发，互通有无，相互借鉴，共同分享，是促进面向东盟高等教育国际化发展的重要路径。

中国-东盟跨校课程合作开发，就是要进一步促进双边人员交流、加快师资队伍建设和有效提升教育质量。这种跨校课程合作开发实质上是一种新型的课程教学联合体，联合体中各成员单位是独立办学的教育单位，各成员学校保持着平等地位，自愿结合，互惠互利，协同发展。跨校联合体在联合课程开发中，发挥联合体优势。高效整合优质课程资源，使优质课程在联合体内互动共享，让学习者既能有机会体验他国学校特色课程及活动，更能真切体验合作开发的课程成果。如今，中国-东盟跨校课程合作开发可以采取两种方式：一是实施已有特色课程对外推广；二是开展课程联合优势开发。在已有特色课程推广方面，马来西亚双联制课程和学分转移课程模式值得学习借鉴。20 世纪 80 年代以来，特别是亚洲金融危机爆发后，马来西亚积极推动高等教育改革，众多高等院校实行与英国、美国、澳大利亚、新加坡大学联校的"1+2""2+1""3+0"三种形式教育体制，将这些国家著名大学的课程部分或全部转移至马来西亚分校或合作院校，学生毕业时获得由合作高校颁发的学历文凭或学位证书。双联课程和学分转移课程模式，是一种独特的国际化水平很高的教育模式。这种教育模式不但为中国认可，也被国际社会承认。随着中国和东盟经贸领域合作关系的深化，尤其是高等教育战略合作伙伴关系的持续加深，这种课程模式能够实现全面的推广使用。由于地理位置、文化传统与经济发展水平各方面的差异，中国和东盟各国的高校课程表现出明显的不同。所以，开发联合优势课程应当秉承着因地制宜的原则，在最大程度上体现地域特色，注重挖掘富有特色的民俗资源、自然风光、地方历史等课程资源。不仅如此，跨校课程开发应当注重实效性，即在促进校企产学研结合的同时，要注意强化亚洲文化价值观和全球合作意识，使课程表现出显著的人文关怀。

推动中国与东盟各国实施跨校课程合作开发，应遵循平等互利、人本关怀、多元灵活、操作实用等原则，以共建共享的模式，推动优质课程资源开发建设。为此，合作高等院校要建立并依托国家精品课程共享服务信息平台（国家精品课程资源网），实现签约国高等院校之间方便、快捷的互动交流和资源共享。推动其有效组织教学活动与校际合作。应当在最大限度上发挥合作高校现有特色专业人才培养优势，推出优势特色专业为其他高校学生提供跨境、跨校、跨专业学习机会，着力培养应用型、学术型，复合型卓越人才，充分提升合作高校学校的就业竞争能力。应当构建起长期可持续的跨校课程资源共享合作机制，鼓励和推动签约国高等院校间基于各级精品课程的跨校选课和学分互认。学生跨校修读专业课程达到规定条件的，由开设修读课程的高校颁发辅修证书。学生跨校修读完成全部学习任务并达到学士学位授予条件的，由开设专业的高校依规授予相应学位（第二学位）。鼓励本校优势、特色学科推免生报读其他合作高校硕士研究生，接收高校在同等条件下，优先录取合作高校的推免生。

推动合作高等院校之间的图书文献、实验设备、信息资源、在线课程等的共享与共建，联合举办各类高端学术论坛及系列讲座。推进联盟成员之间文化、体育、艺术、科学等资源共享。相互开放校园，实现合作高校国家重点实验室、省部级重点实验室等在联盟内部开放。要充分利用中国-东盟教育交流周平台，广泛开展签约国合作高等院校间教学资源交流、技术交流和教学观摩活动，组织举办高等教育领域涉及教学过程的各种研讨会、展览会和培训班。有计划组织签约国合作高等院校承担、参与各国教育部和国家精品课程资源中心的研究课题或开发项目。联合申报和承担签约国国家重大研究项目或国际科技合作项目。

为了更好地应对"互联网+"时代的变化，应当积极推动优质课程资源的数字化建设共享与信息化教学改革，探究以信息技术为基础的高等教育新模式，推动信息技术和教育的密切交融。合作高校应当十分迅速地启动跨校课程的数字化改造工作，推动教学的过程性评价改革，加快高校之间"跨校选课，学分互认"和"慕课"建设。强化合作高校教学资源数据库建设，应当着重做好高校数据融合和共享以及以大数据为基础的开发利用，提升教学管理的精细化、规范化和科学化水平。推动服务应用和融合应用，提升跨校课程合作的便利性。为了使联盟高校之间的信息交流变得更加便利，充分提升工作效率，中国和东盟各高校要协同开发建设"中国-东盟区域高等院校教学联盟"网站，设计联盟动态、联盟工作、共享资源等功能模块。合作高校师生可以通过课程互选、教师互聘、实践教学等栏目查询相关信息，安排学习和交流。合作双方高校还可以搭建起微信公众号平台，便于师生及时掌握各高校的最新信息。

制定出台中国-东盟区域高等院校教学联盟跨校学习管理办法、实践教学资源管理办法、教师互聘管理办法、信息资料馆际互借管理办法等，为联盟高校间的合作提供制度保障。合理的共建共享机制设计，是优质教学资源可持续发展的基础保障。中国与东盟合作高校要致力于建立一个有效的共享机制，不仅能够使广大师生获得丰富多元的教学资源，而且能够保障资源提供者的权益。依据共建共享原则，资源使用者应当合理付费，资源提供者应得到合理回报，知识产权受到法律的保护。鼓励和支持建立中国-东盟区域高等院校教学联盟，加强跨校课程合作开发相关理论研究，探索实践区域性高校教学联盟建设的新途径、新方法，通过开设辅修专业、公选通识课程，开展联盟大学讲堂、大学生竞赛、实验室和仪器设备共享等，进一步推进跨校学习、学分互认。通过探索实践多种跨校修读课程实现方式，在最大限度上发挥地域相对集中的优势，激发学生学习的热情，培养学生的自主学习能力。推动基于精品开放课程平台的跨校修读课程、学分互认工作，促进合作高校创新人才培养机制，有效利用优质教学资源，加强复合型、创新型人才培养，办出水平和特色。

通过中国与东盟各国实施跨校课程合作开发，深化合作，持续拓展合作内容，释放人才与资源等创新元素的活力，推动学科交叉融合，形成新的学科增长点，协同解决国家与区域发展的战略问题，放大各校的资源优势，加快学科、专业、人才和成果四个一流建设。构建起一种长期的互惠、互利的合作关系，在最大限度上发挥与运用合作学校的特色与办学资源，开展互补性合作，提升合作学校的教育质量、办学水平与社会声誉，实现合作学校的可持续发展，引领和促进区域高等教育发展，提升东南亚区域高等教育整体竞争力和影响力。

四、推进跨境人员自由流动

美国高等教育学家克拉克·克尔把学习的国际化划分为四个组成部分，即新知识的流动、学者的流动、学生的流动和课程内容[①]。终身学习框架的架构，流动性在高等教育交流合作中发挥着其他要素无法取代的功能。这种流动性并非只是纯粹的人员流动，还包含了由人员流动所引发的文化、科技与思想的传播与交融。在漫长的历史发展进程中，中国和东盟便是在持续推进跨境人员自由流动的过程中，强化了双边政治互信，巩固

---

① 克尔. 高等教育不能回避历史：21世纪的问题 [M]. 王承绪，译. 杭州：浙江教育出版社，2001：15.

了彼此之间的关系。特别是 1991 年中国与东盟开始对话、建立合作交流关系以来，中国-东盟自贸区建设、中国-东盟教育交流周、中国-东盟"双十万学生流动计划"等合作机制与平台的建立，各领域合作交流活动的开展，对推进双边经贸往来、互联互通、项目合作、学生交换等，发挥了积极作用，中国-东盟教育部长会议强调，不断促进区域内人员的良性互动与积极流动，努力培养中国与东盟所需要的高素质人才，大力开发区域内各国的人力资源，一定要加强中国和东盟的高等教育合作，提高高等教育合作质量水准，实现中国-东盟共同体经济、社会、政治、文化与生态等多领域的良性互动发展。然而，从当下的情况看，尽管中国已经落户六大省区成立了国家级的东盟教育培训基地，并积极组建"一带一路"沿线国家大学联盟，定期举办中国-东盟大学校长论坛，积极实施中国-东盟"双十万学生流动计划"等，中国和东盟人员的流动依旧较为单一，表现为人员交流合作政策不足、形式简单、内容流于其表等问题。与此同时，由于受到资金和技术等因素的制约，中国-东盟区域内人员流动还明显受到信息流动程度偏低的影响，以及生源竞争的限制。当前，在中国和东盟高等教育合作过程中，尽管双方互派的留学生人数呈持续增长的态势，然而主要是以东盟高等教育欠发达国家如越南的学生为主，几乎没有来自东盟高等教育发达国家的留学生。此外，随着中国-东盟自贸区建设的升级，共建"一带一路"倡议与东盟"海洋支点"战略对接，加快推进中国-东盟跨境人员自由流动，打通中国与东盟各国繁荣兴盛的快速通道和绿色走廊，成为深化中国与东盟战略合作伙伴关系的迫切任务。

克服一切障碍，实现人才跨国自由流动，是中国-东盟高等教育共同体建设的必要前提，也是其重要路径之一。教师、学生与职员的国际流动，也意味着文化的传播、学术的交流，代表着一个国家和地区教育的吸引力，也意味着一个国家对人才培养的重视。基于中国-东盟高等教育共同体建设的需要和国际人才市场的激烈竞争，中国与东盟各国应建立健全柔性化的人员流动体制和机制，制定出台跨境人员自由流动政策法规，搭建人员流动信息资源共享平台。按照市场经济发展的要求，打破传统的国籍、档案、身份等人员流动中的刚性制约，在不对人员国籍与其原单位隶属关系的基础上，通过协商，双向选择，来去自由，形成进出更为灵便、渠道更加顺畅与方法更得人心的人员自由流动机制。推进人力资源共创、共享，充分利用人的价值，实现智力与劳动力的自由流动。

为了吸引更多的人员到双方国家学习、培训和开展项目合作，中国与东盟各国可以在海外市场推广合作国家语言、文化和教育，开放留学政策，尽可能简化外国留学人员的入境步骤与入学程序，设立前期适应性课程，规定公立大学免除学费，其他大学和高等教育机构提供学费优惠。

　　设置合理的奖学金项目与助学金项目，给予留学人员住房补助。合作高校还可以联合企业设立实习制度，实习生能够带薪实习，从而实现对留学人员学习与就业条件的优化。为了留住优秀人才，中国与东盟各国的移民政策还可推出"优秀人才居留证"，主要针对有特殊技能、出类拔萃、能对双边国家的发展做出贡献的人才，让他们能够长时间地居住在合作国家。

　　在学生流动方面，中国与东盟各国可以实施一系列的项目和计划，吸引双方国家留学生来本国学习和派送本国学生出国深造，促进学生在国际上的双向流动。东盟各国应该设立政府、学术团体、高校等多种奖学金，吸引海外的留学生和国际上的优秀人才，增加赴本国研修的国际交流生人数。另外，东盟各国还要设立针对研究生的奖学金，用来资助来自其他国家最优秀的人才来本国的高等学府和研究机构学习科学、医学、技术、工程等学科知识，并给予那些做出贡献的研究者一定的奖励。随着双方国家留学人数的不断增长，东盟各国应当竭力简化签证手续，减短签证时间，便于学生尽可能迅速地启动留学课程的学习。在对本国教育进行推广时，东盟各国高校在其他国家都应设置咨询服务机构，来增大高校的宣传力度并招收留学生。而学校内部也要积极开拓多层次的国际课程项目，满足留学生的学习需要。东盟各国高校应该学习推广马来西亚"双联制"办学模式，和其他国内国外高校积极组织联合办学，推动学生双边交流。在吸引国外留学生到中国留学的同时，也可以设立助学贷款与奖学金制度，支持学生跨国学习国际社会繁复的知识与经验。

　　在教师的国际流动方面，中国与东盟各国政府应该鼓励合作高等院校邀请双方教授和专家来举办学术讲座、访学交流。聘请双方学者来校教学，派遣本国教师出国参加国际会议、专业进修、职业培训，积极推动广大教师参与到国内外丰富多彩的交流活动，并依托远程网络视频交流和探讨国际上的各种思想。聘请双方教师，应当对外籍教师的申请程序予以简化，增加科研与教学岗位，改善教学和科研条件，提升待遇，加大对科研的投入，来吸引双方高等院校的教师和专家。中国与东盟各国还应开展各种学生、教师出国进修项目，除政府经费资助外，也要有来自各个企业、民间组织机构的经费支持。经过长期的努力，力求实现中国和东盟各国人才流动国际化实现长远发展，培养起大量的社会优秀人才，尽可能提升合作国家高等教育在国际上的声誉与影响力。

五、建立质量评估保障体系

构建高等教育质量评估保障体系，是中国-东盟高等教育共同体建设的重要抓手、关键环节。教育质量评估保障体系关系大学之根本、教师之权益、学生之发展。大学之根本，即以保证教育教学质量为根本。教师之权益，即以保证教师的教学和科研等正当权利得到合理维护。学生之发展，即学生接受教育后的获得感，这种获得感是建立在以产出为本的教育教学质量保障之上的，这是高等院校教育教学的立足点与最终落脚点。在中国-东盟高等教育共同体建设实施过程中，建立高等教育质量保障体系，不但有利于推动人员的自由流动、学历学位互认等，而且也是使中国和东盟各国高等教育变得更加透明，使其更具兼容性与竞争实力的方式。如此，构建高等教育质量保障体系，切实提升高等教育的水平。

高等教育质量一直都应是中国-东盟高等教育共同体建设的核心任务。2002年，中国教育部设立教育涉外监管专职机构——教育涉外监管处，具体负责教育国际合作与交流领域联系密切的招生、在教学、发证等环节的监管内容。此外，还有中国留学服务中心，在境外学历学位认证、国际教育资质鉴定以及引进国外优质教育资源等方面都发挥着重要的作用。2003年3月1日，中国国务院颁布《中华人民共和国中外合作办学条例》，并于当年9月1日起正式施行。条例的颁布与实施，使中国和其他国家的高等教育合作获得了良好的法律凭证，有效规范了跨境教育质量管理。如今，中国跨境教育质量监管体系不断升级与优化，为中国-东盟高等教育质量的发展提供了扎实的组织基础与良好的政策保障。从东盟内部来看，1998年，《东盟大学网络质量保障》（AUN-QA）制定并实施。2000年，东盟在泰国召开了第九次董事会会议并签署了《AUN-QA曼谷协议》。该协议通过提高教学与科研质量，提高成员大学总体学术能力的机制，以及提供一系列AUN-QA措施、方针和指南等方式，促进东盟高等教育质量保障系统的形成和发展。同年11月，在泰国曼谷又成立了AUN-QA协会工作室，其主要负责制定AUN-QA的政策、标准、方针、基准程序、评估指南和指标。2004 年 11 月，第十六届东盟大学联盟理事会议在柬埔寨暹粒召开，会议通过并签署了《AUN-QA 指导方针》。此外，《AUN-QA 吉隆坡标准》制定了一系列具体的评估标准和指标，其中包括 6 项一级标准、24 项普通标准和 70 项评估指标。通过制定 AUN-QA 机制，建立与国际高等教育质量保障标准接轨的高等教育质量保障体系，促进师生的自由流动，推动成员大学跨区域学分互换与学历互认系统的建立，增强高等教育机构之间的交流与合作，提升东盟高等教育的质量。2012 年 1 月，AUN-QA 研讨会和东盟大学联盟首席质量官员会议在泰国清迈召开，会议制定了《AUN-QA 战略框架行动计划（2012—2015）》。AUN-QA 的进一步发展，强化了该系统的评估水平，推动了系统的国际化进展，提升了东盟各成员国在质量评估能力，为东盟国家优质人才资源的储备奠定了良好基础。

中国-东盟高等教育质量保障体系，应由中国-东盟高等教育质量保障协会构思。坚持以学生质量为中心，产出为导向，使学生、社会满意为指导思想。该质量保障体系分为外部和内部双层保障体系。外部质量保障体系的内容有形成固定的外部保障程序，包括评估活动的决策依据、评估过程与结果的一致性、评估报告的规范性等。外部质量保障体系设置为政策环境保障、体制机制保障、第三方监控保障和国际信息资源保障。其中，政策环境保障是中国-东盟高等教育共同体建设的最根本保障，是构建高等教育质量评估保障的重要前提。中国-东盟教育合作所签署的一切文件、备案等，都将在建立健全教育质量保障体系中发挥规范作用。体制机制保障是中国-东盟高等教育共同体建设一定要克服的问题，由于中国和东盟各国高等教育体制具有实质性的区别，与此同时，这种体制差造成了各国高等教育系统运行机制的差异。因为质量评估保障体系关联到全局的发展走势，教育教学中的各个环节都会影响到评估的发展进度和品质，评估体系的构建与健全在中国-东盟共同体建设中发挥着牵一发而动全身的作用。而评估又关系着国家、学校、教师（学者）和学生的切身利益，所以教育质量评估制度的有效建立，即可看作是共同体建设的体制机制突破口、着力点。第三方监控保障作为高校与社会的有效联系，近些年来在中国与东盟一些国家发挥着愈来愈大的影响力。但是，在实施过程中也受到了体制机制的束缚。在中国和东盟一些国家，第三方监控的实践并非十分成熟。随着中国-东盟高等教育共同体建设的持续推进，中国与东盟应以中国和东盟共同的亚洲价值观为前提，以中国和东盟各国学生的发展为宗旨，以中国与东盟优良的发展前景为目标，竭力构建跨国型第三方监控平台。国际信息资源保障在跨国型第三方监控平台发挥着非常重要的作用。如今，世界已进入了信息化的时代，同时，全球经济呈一体化发展态势，在此情况下，全球信息与数据对于中国-东盟高等教育共同体建设而言是不可或缺的。

中国-东盟高等教育共同体建设内部质量保障体系的内容，包含高校内部质量保障的政策和程序、定期考核学校的专业质量与学生的学习质量、对学校的学位授予权和教学人员的教学水平进行评估、对校内学习资源（硬件资源和软件资源）的考察评价等。中国-东盟高等教育共同体内部教育质量保障体系的建立，应以先进的教育教学理念和较为成熟的人才培养方案为基础。具体包括学生培养方案的设计评估；教师教育教学能力评估；课堂建设评估；教育教学设备及其使用效率评估；科学管理和服务的评估；大学的文化和特色评估（包括特色学科）；大学国际化评估；毕业生和学校社会声誉评估等。中国与东盟各国各高校应当打造高校内部由下至上的评估气氛，做到学生针对自身的学习展开评估，教授针对自身的教学展开评估，行政人员针对自身的管理展开评估，使学校自我评估工作实现常态化。高校的内部教育教学质量评估是高校内部成员的义务和责任，应当秉承着全员参与、各环节渗透的理念，才可以将内部评估工作做得细致、切实。中国与东盟各国应相互学习借鉴优秀的高校内部管理和评估的案例，坚持质量保证认证标准以学生中心、产出导向、改进可持续的原则。内部质量保障体系的构建关键在于学校自身教育质量的建设，而高校自身教育质量通过课堂教学质量得以反映，课堂教学质量奉行着以生为本的理念，以学生为本和中国-东盟高等教育共同体建设是本盛末荣的关系。中国-东盟高等教育共同体在教育质量保障体系建设中，将更加注重探讨和研究高校课堂教学中的学生能力型课堂、师生研讨型课堂、开放型课堂、合作型课堂、体验实践型课堂等新型课堂的构建。

中国-东盟高等教育质量保障体系建设，也包括质量保障机构本身评估标准的制定。质量保障机构本身评估标准包含评估机构官方地位的合法性，评估机构的性质、目标任务的情况说明，具有一定的资金支持和人员保障，可以正常组织评估活动，对机构本身的独立性展开评估等。建立中国-东盟高等教育质量保障体系，是以建立高等教育质量检测中国-东盟国家总数据平台和各国分数据平台为支撑，以中国-东盟各国内、外部教育教学质量评估体系为基本保证的，形成中国与东盟国家间更为密切、内外联动、及时跟踪反馈、持续改进的高等教育质量评估保障体系。中国-东盟高等教育内部质量保障形式主要通过机构内部评价，资格证书授予批准、监控与周期性评价，学生评价，教师评价，学生资源和学习支持评价，以及信息系统和公共信息的评价来确保质量。中国-东盟高等教育外部质量保障形式有以下三种：第一，评估、认证、审计和基准；第二，中国与东盟注册、质量标志、亚洲排行；第三，协商论坛。

中国-东盟高等教育共同体建设进程中的高等教育质量保障框架，表现出系统性、整体性和融合性的特征，它有效结合了中国和东盟各成员国的高等教育质量保障体系，并把双方教育政策刻意渗透进成员国里，让其形成一致意见并表示认同，使成员国从中得到好处，这将是中国-东盟高等教育质量保障框架得以有效架构的原因所在。

六、打造合作交流公共平台

搭建中国-东盟高等教育共同体建设公共平台，不只限于中国-东盟教育交流周、部长级会议和各国高校师生互学互鉴等，而是以中国-东盟已有的相关文化和教育交流形式为基础，打造更富有创新性、共享性、建设性和更富人性魅力、人本关怀的公共交流合作平台。平台的搭建要突出亚洲身份意识和共同价值观，彰显交流合作的实质性成效，形成公共性质凸显的全民参与的文化、教育、科技交流纽带，让教育合作的成果惠及双方国家老百姓。公共平台不但要使中国和东盟高等教育之间的合作达到更高的层次，而且应当强化双方高等教育理念方面的交流认知，一起深化亚洲价值认同、文化认同与身份认同，竭力培育出优秀的中国-东盟各领域的人才，巩固中国-东盟高等教育共同体建设的人文基础。

应当说，中国和东盟教育的交流合作已经取得了优异的成绩，并呈现出优良的发展前景。然而，根据目前的情形来看，中国和东盟高等教育区域合作依旧暴露出许多不足，尚未达到中国-东盟高等教育共同体建设的要求。比如，重点大学之间合作较为频繁，非重点大学之间的合作偏少；沿海沿边大学之间合作多，内地大学之间合作少；举办教育交流周、大学校长论坛等教育会议论坛多，项目合作、联合科技攻关少；合作高校院系之间壁垒森严，学科、单位、区域界限明显，高校与企业、科研院所等深度合作的主动性不强；合作高校数据库建设步伐滞后，协调组织机构不健全，"资源孤岛""信息孤岛"诟病严重等。因此，促进人才、资金、物质、信息等要素的深度有机结合，搭建资源共享平台，提高中国和东盟各国高校的创新水平，促进区域一体化发展与创新型国家的构建，是推进中国-东盟高等教育共同体建设的根本保障。

（一）人才资源共享平台

人才资源是首要资源，也是起始资源，对促进中国-东盟高等教育共同体建设起着关键的作用。搭建中国与东盟区域合作高校人才资源平台，首先要完善人才队伍建设规划，加强区域合作高校人才队伍建设规划设计，出台制定涵盖区域人才选拔、引进、培养、使用、评价、激励、保障等体系的《中国-东盟区域战略联盟高校人才队伍建设中长期规划纲要（2020—2030年）》《中国-东盟区域战略联盟高校拔尖人才选拔、引进、奖励管理办法》《中国-东盟区域战略联盟高校有突出贡献的拔尖人才选拔、管理办法》等政策文件。建立柔性宽松的人才引进机制，鼓励各地各类高层次人才到区域战略联盟高校从事兼职、咨询、讲学、科研合作、技术指导、转让专利等，促进合作高校各类人员的流动。建立灵活高效的中国-东盟区域合作高校人才培训、使用、奖励机制，通过配备专业导师、开设多种课程、设立专门基金、选拔人才项目、学术梯队建设、学科团队吸纳、教科研项目资助、国内外学术交流等方式，促进人才培养培训，尽力提升人才队伍专业化水准。建立中国-东盟区域高校专家库，建设学术共同体，健全区域教授互聘制度，充分发挥专家在项目评审、科研发展中的决策咨询作用。积极开发中国-东盟区域教师资源，设立"联合教授"席位，建设区域共同师资市场，推动优质师资广泛流动，组建科研梯队，提升区域高校师资队伍的核心竞争力。此外，应当积极组织国际交流和合作，扩大招收双方国家留学生，定期组织师生之间的国际互访交流，有计划地聘请双方国家专家相互讲学，加强专题和科学技术的合作研究，努力为各类拔尖创新人才搭建国际化的成长发展平台。

（二）资金资源共享平台

资金的来源情况在很大程度上决定着中国-东盟高等教育共同体建设的速度和发展水平。根据中国和东盟各国当前的情况可知，国家财政预算内拨款是高校的主要经费来源。但是，随着高等教育战略合作关系的持续深化，高等教育大众化、国际化的深入推进，特别是高校绩效拨款政策的推行，导致高校的资金来源出现了结构性变化，一些具有强大综合实力的高校，非财政性资金来源呈现逐年递增，预算外经费来源呈现多元化发展。高校投入结构差异、地区差异、校际差异、学科差异越来越突出，国家财政投入的经费供给和扩招带来的建设资金激增的需求矛盾激化，面临着严重的资金短缺和获取资金的财务风险问题。为此，推进中国-东盟高等教育共同体建设，首先必须深化高等教育经费投入体制的改革，进一步加大政府高等教育的投入力度，实施转移支付政策以平衡地区间公共高等教育资源的差异。建立教育主管部门负责的高校贷款审批制度，完善企业、社会团体和个人捐赠的税收优惠政策，使其愿意更主动地为高校教育捐赠资金。中国和东盟各国高校应当在最大程度上利用自身在人力、智力、科学技术等方面的资源，以创办企业或和企业建立合作关系的形式，实现科研成果的转化，主动创造资金效益，并使资金得到更大程度的利用。中国和东盟各国高校应当尽力施行多元化的办学模式，和企业、科研院所、其他高校等组织开展合作办学，凭借着项目合作、科技研发等形式，拓展资金的来源渠道，使资金得到更大程度的利用，

增强高校改革发展活力。另外，中国与东盟各国政府应加强对高等教育区域合作的政策引导，对高校战略合作所涉及的城市布局、产业结构、资金筹措、技术转让以及土地利用和有偿转让等方面的问题进行科学规划，制定出台相应政策、法规和条例，保障中国-东盟高等教育共同体建设依法有序推进。

（三）物质资源共享平台

学习借鉴欧洲高等教育区建设的成功经验，优化整合中国与东盟各国高校物质资源，包括校舍建筑、图书资料、设施设备、实验室、计算机、学生活动中心等，有利于区域合作高校实现资源共享、优势互补、互利互惠、共同发展。中国-东盟高等教育共同体建设，要善于"借鸡生蛋"和"借船下海"，积极鼓励区域合作高校之间、高校与科研机构以及高校与企事业单位之间开展合作，破除封闭式管理，持续提升公共设施的开放水平，强化区域公共基础设施共享程度，打造中国-东盟区域高等教育共同体。同时，主动应对"互联网+"时代挑战，破除"信息孤岛"弊端，借助数字化、信息化、网络化、智能化的发展环境，搭建互联互通的"网上港口"，优化资源开发服务模式，提升科研能力和成果转化能力，推动跨校协同创新，提高合作发展的科学化水平。推动中国与东盟合作高校与双

方国家、省一级重点实验室的相互开放，共同构建区域科研共享平台，营造良好的科研环境。通过建立合作高校重点实验室、工程中心，整合优质资源，促进中国-东盟区域高等教育互融互通，推动区域内高校、科研机构、企业以及行业组织的持续健康发展。积极开发区域高校课程资源，建立课程互选、学分互认制度，构建区域共同课程资源库，充分提升优质课程资源的利用程度和区域高校科研的水准。

（四）信息资源共享平台

信息资源是推进中国-东盟高等教育共同体建设充满活力和竞争力，增强内、外沟通交流的必要资源。长时间以来，因为受到主观与客观因素的影响，中国和东盟各国的高校信息形成的系统与数据保持着高度的独立性，信息系统缺少有效集成，系统的管理维护与安全防患暴露出很多不足，数据信息的深入挖掘与利用备受限制，信息并未得到充分的共享，形成了"信息孤岛"，降低了信息的服务作用。随着信息时代的来临，中国-东盟区域高校合作都希望实现信息资源的共建共享。加强中国-东盟区域高等教育合作，打造中国-东盟高等教育信息港，必须完善区域网络信息基础设施建设，利用大数据、人工智能等前沿技术，构建合作高等学校信息数据库，建立中国-东盟区域高等教育信息发布制度，增强区域高等教育的信息互动能力，接受公众的监督、查询和评价，提高区域高等教育合作互动的可预测性。对欧洲高等教育区建设的成功经验进行合理借鉴，加强中国-东盟区域高校网络环境与硬件基础设施建设，制定统一的信息标准，建立中国-东盟区域高校信息数据中心，精心开展门户设计、集成系统设计以及其他应用设计，建立健全相关信息管理制度。与此同时，要尽量避免信息不对称而导致的合作风险，在最大范围内促进中国-东盟区域内高等教育资源的共享与共建，为构建中国-东盟高等教育利益共同体、命运共同体做出重要贡献。当前，在推进中国-东盟高等教育共同体建设过程中，较为关键的是要积极构建区域合作高校教学资源的互通机制，实现信息资源的网络共享，特别是图书文献资源、课程资源以及就业信息等，提供高校之间高水平便捷的信息资源"一站式"服务，切实增强中国与东盟区域合作高校信息的服务功能①。

---

① 李化树. 中国-东盟高等教育共同体建设行动框架［M］. 北京：中国社会科学出版社，2017：244.

第三节　面向东盟高等教育国际化的创新举措

一、探索课程实施与考试评价的国际化

（一）课程实施

课程实施的形式具有多样化的特点，与国外互派师生、远程教育等都是课程国际化实施的重要途径。

"慕课"即利用信息技术平台引进全球范围内的优质课程资源，其特征是开放、网络化、大规模，这也意味着传统教学方式的变革，为课程国际化提供了一种新颖的模式。"慕课"可以自由流动、全球共享，打破时间与空间的制约，并且可以有效缩减学习成本，有效提升课程国际化的效果。

（二）考试评价

从课程国际化实施来看，不同国家难以建立起相对统一的衡证体系，并且很难界定课程实施效果的标准，这便导致课程评价很难操作。如今，考试评价是课程国际化进程里运用得较多的评价方法。

课程国际化考量标准主要有语言水平、专业课程和学历资格认证等。语言水平测试主要由各国语言推广机构或教育机构进行考评，如澳大利亚教育国际开发署（IDP）作为教育服务机构为留学和移民提供语言测试，协助招收外国留学生；专业课程的考试评价主要由开设课程的学校或相关机构进行；学历资格认证由各国专门的认可机构进行鉴定。

二、探索学生国际化素质的培养与管理方式的多元化

（一）探索学生国际化素质的培养方式

国际化学生的素质已不仅仅是要求他们具有国际化背景。良好的身体与心理素质、综合性的知识结构、高水平的外语沟通能力、良好的跨文化交往能力、扎实的专业素养以及文明的道德行为规范等方面成为国际化学生应有的内涵要素。此外，要强化高等教育的国际化，提升国际化学生的综合素质，不仅要有意识地提升留学生的水平与层次，也应当关注本国学生的素质，在真正意义上做到适应全球化发展需求。

第一，秉承国际化教育理念，对传统教育模式进行变革。奉行以人为本、

力求创新的宗旨，以素质教育为中心培养具有国际化视野的开放型人才。

第二，丰富人才培养模式，构筑国际化的培养方案。高校在人才培养上可参照国际惯例，制定与国际接轨的人才标准。

第三，在教学上重视综合能力的培养，在学术上形成自由活跃的多元化研究气氛。

第四，在最大程度上利用国际化办学资源，如国际化师资队伍、国内外合作办学机构等。

第五，重视高等教育的空间载体——高校校园的文化建设，通过各类文化活动、学术交流活动和其他实践，丰富学生的国际化内涵。

（二）探索多元化的学生管理方式

学生的多元化为高校学生管理工作带来了一定挑战。高校国际化人才培养需要构建学生国际化的工作系统，一方面为国内学生提供咨询服务，另一方面进行留学生的管理工作。

近年来，留学生教育作为高等教育国际化交流的重要组成部分，成为高校学生人才交流的一个焦点。而对于留学生的管理模式，许多国家进行了探索。日本主要有两类模式：一类是建立国际部，对留学生进行垂直、统一的管理；另一类是建立导师制，将留学生分散于各院部，由留学生事务中心协助管理。前者一般是国际化初期采用的管理模式，因为缺少足够的经验，所以便于集中管理；后者通常适合综合性高校，表现出较高的灵活度，也有利于留学生和当地师生的交往，以适应留学国的当地文化。

在管理国际化学生时，采用柔性管理手段是一种不错的选择，主要采用交流、激励、指引的方式开展。

第一，要明确国际化学生管理工作的内容。组建具有较强语言能力和跨文化沟通能力的管理服务队伍；加强对出国留学和学习交流学生的咨询服务与指导建议；加强留学生专业化和规范化管理；建设多元文化共通的校园文化，举办加强国内外学生交往的校园活动。

第二，建立健全管理制度和相关机构。健全学生管理制度，在奉行国家与地方法律法规的基础上，健全相关制度，比如导师制度、奖学金制度、处分条例和突发事件处理制度等，使得学生管理工作有据可依；在机构设置方面，可设立针对国内学生的出国事务咨询服务中心和针对留学生的事务办公室，明确各部门职能，减少职责不清晰造成的多头管理或互相推诿的问题。

第三，搭建灵活性、多元化的国际文化交流平台，为学生管理工作提供便捷的途径。此类平台包括网络技术平台、学生组织平台和活动体验平台等。在网络化信息时代，学生群体作为最广泛的互联网使用者，校园BBS、学生工作在线、微博、微信等新媒体手段，不仅能够帮助扩大学生的国际视野，而且可以有效强化国内外学生的互动交流；而学生组织和社团则是以团队形式开展非正式的学术及课外活动，这对文化融合有着非常重要的作用；以宣传当地传统文化或学习他国优秀文化为主体，开展品牌活动，以艺术、体育等多种形式为媒介，进一步扩大影响，提高参与度，帮助留学生快速融入留学国的文化氛围。

三、探索高校管理的国际化

（一）探索高等教育国际合作政校关系的转变

随着全球范围内竞争的愈发激烈与各种冲突频发，高等教育国际化被提高至国家战略的高度，很多国家在政校关系方面展开了积极的探索。他国的经验表明，高等教育国际化的开放性特征应当围绕着市场这一导向，改变政府的职能，使高校获得更大的自主权。以美国为例。随着高等教育以市场为导向发展，高校越来越重视对外交流，也通过吸引自费留学生增加办学资金。高校逐渐成为高等教育国际化的主体，政府退居次要地位。美国政府对大学独立的法律地位表示最大程度的尊重，不对高等教育采取直接干预的手段，而主要通过国家政策引导、法治化调控、专项或基金支持和市场化运作等方式来影响高等教育的发展及其国际化进程。

在面向东盟高等教育国际化的过程中，应当理顺高等教育国际化过程中的政校关系，发挥好政府的引领和支持作用，重视高校主体地位、激发高校教育国际化的积极性是很有必要的。

（二）探索高等教育国际合作社会服务功能的实现方式

高等教育国际化在社会服务功能上的具体体现包括：国际化的人力资源储备；国际化的科研合作与技术交流；为国家和地方在教育与非教育领域的国际化问题提供决策咨询和建议；教育服务产业化为高校所在地带来的巨大经济利益；宣传推广国内优质的高等教育品牌；加快多元的城市文化建设等。

（三）探索创新适应高等教育国际化的管理手段

高等教育国际化管理需要资源配置与组织设计的支持。资源配置，主要是指人力资源与财务资源；组织设计，则指核心文化和管理体制。换言之，高等教育国际化要求高校具有实力较强的国际化管理与教学队伍、国际化的师资和生源、雄厚的办学资金与优质的办学资源、完备的教育国际化机构、规范的管理制度和多元化的校园文化。而高校教育国际化实现的具体管理手段主要包括：政策手段、法律手段、技术手段和其他支持性基础手段。

1. 政策手段

首先要强化国家层面的顶层设计和地方层面的科学规划，还应当由各级地方政府与高校秉承因地制宜原则探索并制定本地、本校高等教育国际化相关政策与规定。

2. 法律手段

高等教育国际化需要以相对完善的法律法规为依托。美国政府于 1924 年颁布《移民法》、1946 年颁布《富布莱特计划（法案）》、1966 年颁布《国际教育法》等一系列多样化法案，为高等教育国际化活动提供了扎实的法律保障。虽然我国政府于 1986 年颁布《关于出国留学人员工作的若干暂行规定》、1998 年颁布《自费出国留学中介服务管理规定》、2004 年颁布《中华人民共和国中外合作办学条例实施办法》等法律法规，但是我国高等教育国际化相关立法工作仍有待完善。

除了国家宏观层面的法律调控，地方与高校也可以依法制定并健全相关法规。2013 年，宁波大学国际交流学院根据发展实际和工作需要对学院原有的管理制度进行了系统全面梳理，新制定或修订发布实施管理规章制度 30 余项，涉及教学管理、教职工管理、学生管理、经费管理、教师和学生奖惩等各个方面。其中，仅在来华留学生管理方面，依据国家法律、法规及学校的相关管理规定，学院先后制定并完善了《国际交流学院来华留学生语言生培养与管理工作规定》《国际交流学院来华留学生住宿管理规定》《国际交流学院汉语言（对外）本科专业插班生管理暂行规定》《国际交流学院留学生班主任助理管理办法》等系列管理文件，对《国际交流学院留学生手册（中英文版）》进行了修订，使留学生管理工作有法可依、有章可循。

3. 技术手段

远程教育、"慕课"教育、数字资源库、信息管理系统等多种技术形式使高等教育国际化打破了时间和空间的束缚[①]。

---

① 杨志宏，宋海静，蔡梅."一带一路"背景下"贵州-东盟"高等教育合作机制创新研究[M]. 北京：清华大学出版社，2023：92.

第四节　面向东盟高等教育国际化的案例实践

一、广西师范大学面向东盟高等教育国际化的案例

（一）广西师范大学简介

广西师范大学是广西壮族自治区重点大学，办学历史悠久，文化底蕴深厚。学校有王城校区、育才校区、雁山校区三个校区。学校经过长时间的演变发展，培养了大量的优秀人才，获得了优良的社会声誉。当前，广西师范大学采取各种手段，提高人才培养质量，体现教师教育特色，力求将学校建设成为西部一流、国内知名、有一定国际影响力、教师教育特色鲜明的教学研究型地方综合性大学。

（二）广西师范大学与东盟国家继续教育合作办学模式

20世纪90年代中后期以来，广西师范大学与东盟国家合作办学逐渐形成具有自身特色的人才培养模式——以学科建设为先导，以师资队伍建设为依托，以专业设置为载体，以教学管理体系构建为保障，以提高人才素质为核心。

1. 以学科建设为先导

近年来，广西师范大学面向东盟国家的汉语教学依然是发展与东盟国家合作办学的基础和重点。在对外合作办学的过程中，广西师范大学非常重视相关专业教育科研与学科建设，视教育科研与学科建设为对外合作办学的有机组成部分以及提升办学层次和品质的基础与保障。自1995年起，学校开始对外汉语教学科研工作，并致力于该学科的建设。2000年，广西师范大学被批准为语言学及应用语言学硕士学位授权点，并于2001年开始招收对外汉语教学方向的硕士研究生。这是广西地区首个也是如今广西仅有的培养对外汉语教学高级专业人才的基地。随着学校和东盟国家合作办学的不断推进，该学科点逐渐形成以越南留学人员为研究对象的语言学及应用语言学的研究特色。广西师范大学现已建成越南留学人员中介语语料数据库，并对第二语言教学与习得理论著作进行翻译。经过长期的探索，广西师范大学在面向东盟国家合作办学方面已经取得了不俗的成绩，走在广西甚至全国高校的前列，其学科建设的发展较为显著地推动了学校和东盟国家合作办学的实践发展。

2. 以师资队伍建设为依托

综合素质优异、结构体系完善的师资队伍，是确保合作办学顺利进行的重要基础。当前，广西师范大学积极采取各种手段强化师资队伍建设：一是加强已有师资素质的提升。学校构建了合作办学师资素质考核指标体系，要求教师必须精通现代汉语，对现代汉语语音、词汇、语法系统有相当深入的了解，掌握现代汉语方言和古代汉语方面的知识；精通一门外语；具备心理学、教育学、语言教学法等方面的知识；具有广泛深厚的社会文化知识；具有崇高的职责感与使命感。二是强化和东盟国家之间的教师交流。学校在外教聘用上实行规范化和制度化的管理，制定并实施了《外专外教守则》和《外专外教聘用与管理试行办法》等制度，对外籍教师每学期进行一次岗前培训和教学评估，不定期地进行听课制度。学校每年还派出教师赴泰国、越南、印度尼西亚等周边国家的友好合作学校任教。

3. 以专业设置为载体

专业教育是广西师范大学与东盟国家合作办学的生长点。为了满足东盟国家社会经济发展以及中国-东盟自由贸易区发展对专业人才的需求，广西师范大学大力探索富有鲜明特色的专业设置方式，积极拓展东盟国家的留学人员市场。专业设置主要包含三种方式：一是模块组合式，即在专业领域内设置不同专业方向的模块，其特征是基于社会人才需求的变化对专业培养方向做出适当调整，表现出十分显著的灵活性与针对性。如旅游类专业，根据旅游管理的职业门类，将旅游开发、旅游营销、导游、旅行社管理等组成专门化模块，学生在前期主要是学习专业大类的共同课程，学校则是在后期根据人才需求情况对学生进行专门化定向培养。二是阶梯式，即针对留学人员专业发展的需要，设置同一专业相互衔接的不同学历层，其特点是教学资源共用程度高，并且可以确保生源的稳定性与可持续性。例如，汉语、商务汉语等专业分别开设了短期班、长期班、专科、本科、硕士研究生等。三是复合式，即通过相关专业的有机组合形成一种融合、交叉或边际结合的宽专业形式。如商务汉语、法律与国际贸易实务、双语秘书等交叉融合形成的新专业，其特点在于使得被培养的复合型人才能够适应多种岗位或岗位群。

4. 以教学管理体系构建为保障

广西师范大学在和东盟国家进行合作办学的过程里形成了一套较为健

全的教学管理体制，有效扩大了东盟国家高等教育合作办学的规模，切实提升了人才培养的质量。其教学管理体系包括四个方面：第一，成立学院留学人员工作管理小组，由学院党总支书记任组长，学院主管教学的副主任担任副组长，成员还包括学院党总支副书记、班主任等。第二，制定了《留学人员工作管理条例》，进一步加强教学、作风纪律及班级活动的规范化管理，开始实行学期学生家长报告书制度。第三，修订了东盟国家留学人员本科生教学计划和研究生培养方案。第四，对零起点的留学人员，初级班课堂教学均设东盟国家小语种翻译，翻译由在读研究生（东盟国家的留学人员）担任。

5. 以提高人才培养质量为核心

广西师范大学在与东盟国家的合作办学过程中始终把人才培养质量作为工作的核心。为了使人才培养取得更加优良的效果，学校不仅采取了上述措施，还设立了众多课程，使得东盟学生专业学习的需求与个性化学习需求得到充分满足。如汉语专业，不仅开设有汉语与文化短期班、汉语非学历教育，还开设有单项技能课、专门技能课、语言知识课、文化知识课，级别有低、中、高三个等级，能够使留学人员的各种课程选择得到充分满足。此外，为了训练人才的实践应用能力，在最大限度上利用境内外的教学资源，学校先后与越南、泰国国家知名大学创办了"2+2""2+1""1+1"等多种联合培养本科生和硕士研究生的办学模式。例如，广西师范大学与越南河内外国语大学、胡志明市民立信息外国语大学等共同开设的越南旅游管理专业，与泰国兰实大学联合开设的泰国旅游管理专业等。近年来，广西师范大学共为东盟国家培养了不同层次的各类专业人才，大部分已成为行业或政府部门的中坚力量，为其国家的发展和中国-东盟自由贸易区的建立提供了应有的人才支撑①。

二、广西民族大学面向东盟高等教育国际化的案例

（一）广西民族大学简介

广西民族大学是国家民委和广西壮族自治区人民政府共建综合性民族高等学校，现已发展成为学科门类较为齐全、师资力量较为雄厚、科研水平较高、学科建设与教育质量较好的综合性民族大学。

---

① 黄璀. 中国-东盟继续教育合作理论与实践研究［M］. 广西：广西师范大学出版社，2011：198.

（二）广西民族学院与东盟国家的合作办学模式——"专业+外语非通用语"复合型人才的跨境培养

作为面向东盟国家小语种的主要培训基地，广西民族大学在东盟小语种与"专业+小语种"教育方面形成了富有特色的跨国培养模式。比如，该校实施的"3+1"人才培养模式，即在国内进行 3 年专业学习，之后到相关国家进行为期 1 年的语言学习（也含专业学习），涉及的专业为对外汉语、国际经济与贸易、旅游管理，物流管理等。"3+1"人才培养模式的提出与深化，为"专业+非通用语"复合型人才的培养搭建了一条由理论转化为实践的渠道，能够在一定程度上启示广西地区与国内其他高校。

1. 国内专业及语言学习阶段

其一，夯实专业基础。复合型人才首先必然属于专业化人才，是在一定专业基础上实现的复合，专业是复合的树干，非通用语是树叶。培养复合型人才必须强化专业学习和专业发展。复合型人才的专业基础主要涵盖经典基础、前沿基础和方法论基础：经典基础，即教师在课程教学中要立足于本学科、本专业的经典性著作进行教学，对学生实施经典教育、熏陶和启迪，为学生后续发展奠定扎实的学科或专业基础；前沿基础，指教师时时关注本学科、本专业的发展前沿或方向，引领学生到本专业知识发展的最前沿，让学生接触、了解、掌握本学科专业的发展动态，尽快接触前沿、切入前沿并有可能发展前沿；方法论基础是经典基础和前沿基础的中介，把经典基础与前沿基础充分结合起来，夯实经典基础主要旨在回顾把握"过去"，切入前沿基础则在于前瞻和创新"未来"。

其二，共建共享的课程。广西民族大学的非通用语语言有越南语、老挝语、泰语、印度尼西亚语、柬埔寨语、缅甸语、马来语等语种。学校每年编制教学计划时，注重将专业课程以模块化形式设置，以满足学生不同个性发展的需求。如在旅游管理、对外汉语、国际经贸等专业中设置有"越南语""泰语""柬埔寨语"等方向，开设相关课程，为学生提供了更多选择，尽力迎合了学生的喜好，能够促进学生发展。此外，学校利用校园网络开发与链接了许多质量优异的非通用语网络学习课程，学生们能够依据自身喜好自主地选择自身热衷的非通用语，通过自身喜好的方式、在自己方便的时间进行学习。"非通用语"模块化和网络化的课程设置、开发或链接，为学生发展成为复合型人才创设了极其丰富的课程学习资源。

其三，设置辅（选）修专业。为满足学生系统化的"非通用语"专业化学习需要，在经过试行后，学校便在本科生中铺开辅修专业和辅修学位制度。学生可以根据自身的喜好选修不同的专业，充分拓展自身的知识面与就业面。主、辅修制的施行，实现了非通用语专业语言优势与其他专业知识的充分交融，不仅找到了专业生长的立足点，而且切实提升了学生在市场上的竞争力。

2. 东盟国家语言及专业实习阶段

国外课程教学是跨国培养方案中的核心环节之一，其中心任务为：检验和扩大国内专业基础教学成果，着重提升学生非通用语语言文化能力与素养，形成更加高超的交际水平能力；使学生学会理解、尊重多元文化的区别，探索多元文化的共同价值，形成共同的人类文化理想。

其一，制定了出国学生专业水平测试、政治思想考核和体检制度及实施细则和标准。在具体操作过程中，只要专业、政治思想与身体状况考核等不能达到标准的学生，都暂时不允许其出国，以把控好出国学生的质量。

其二，建立跨国教学管理机制，确保国外课程的教学质量。

①建立了高校之间教学磋商机制。磋商解决国外高校具体承担的课程数量、开课学期、课时、学分以及教学组织形式等；对国外高校任课教师或者管理人员提出确切的要求，从而确保教学管理的品质。例如，磋商解决教材、图书资料以及学生违纪违规等问题。

②学校与派出学生间的联通互动机制。指定班干部为留学人员与母校之间的固定联络人，要求学生在到达国外高校的头一个月内每周向母校汇报一次，以后每月汇报一次。主要反映国外任课教师的学历、职称和教学态度、教学方法、所用教材以及完成预定的教学任务等情况，并提出自身的想法与建议，便于学校和国外高校磋商问题并解决问题。

③实行留学认证制度。学生必须获得其所留学高校出具的课程考核及格成绩证明书和留学人员合格鉴定书。此外，留学人员还须向母校提交个人留学总结报告，班集体向母校提交班级留学工作总结报告。

④设立留学工作领导小组。定期派考察人员赴国外高校了解学生学习和生活及国外教师教学及管理等情况，了解任课教师名单、课程安排表、考试试卷、教材、学籍记录材料等。

三、广西医科大学面向东盟高等教育国际化案例

(一) 广西医科大学简介

广西医科大学坐落在广西壮族自治区首府南宁市，创建于 1934 年，是全国建校最早的医学院校之一。广西医科大学是广西一流大学建设高校，入选国家"111 计划""中西部高校基础能力建设工程""卓越医生教育培养计划"以及国家级特色专业建设点、全国毕业生就业典型经验高校、全国创新创业典型经验高校、教育部批准的有招收本科临床医学专业（英语授课）留学生资格的首批 30 所高校之一、全国最早定点招收外国留学生和港澳台（华侨）学生的 8 所医学院校之一，是以医学为特色优势的广西省属重点大学①。

(二) 广西医科大学与东盟国家继续教育合作办学的"五特"模式

近些年来，广西医科大学把握住机遇，在最大限度上利用广西地区的区位优势，对地方办学资源进行合理整合，充分发展面向东盟的办学合作，不仅有效拓展了医学教育发展的空间，而且推动了学校和东盟各国在科研、医疗服务等方面的协作与交流，形成了非常鲜明的办学特色，即"招得来""留的下""学得好""用得上""干得好"。

1. 招生以东盟国家为主，做到"招得来"

广西医科大学从 1958 年接受越南公派留学人员开始，就一直把东盟国家作为开拓留学人员生源的主攻方向。目前，学校招收留学人员的渠道主要有：一是政府渠道的，通过教育部下达的分配名额，即"中国政府奖学金生"。从 2008 年开始，教育部设立了"边境省区学历生"特别项目，纳入"中国政府奖学金生"系列。广西医科大学有资格自行招收沿湄公河流域的 5 个东南亚国家（越南、老挝、缅甸、泰国、柬埔寨）各 5 个名额共 25 个名额的留学人员。从 2001 年起，学校在全国率先招收了英语授课的临床医学专业留学人员。2007 年，经教育部批准，广西医科大学成为具有招收医学本科留学人员（英语授课）的 30 所医学院校之一。如今，广西医科大学在生源拓展方面已经步入了良性循环的道路，学校每年都积极自主地参与广西教育厅组织的在东盟国家举办的招生宣传展览会；与此同时，学校在最大限度上发挥已毕业留学人员的持久的宣传和示范效应，广

---

① 根据广西医科大学官网发布的广西医科大学概况相关信息整理。

西医科大学在东盟国家形成了良好的声誉与品牌效应，生源不断扩大。

2. 构建科学的管理运行机制，做到学生"留得下"

广西医科大学以人为本的理念贯穿于东盟国家留学人员的教育和管理的全过程，使其能"留得下"。首先，健全组织系统，理顺运行机制。学校留学人员教育实行校、院两级管理模式。学校以现代教育管理理念为指导，对各类机构与组织的岗位职责作出了确切、详尽的规定，让各部门各司其职，各负其责，彼此协调，为留学人员教育管理工作的规范、有效运行提供了组织条件和机制保障。其次，制定规章制度，规范管理机制。广西医科大学根据国家相关法律法规、教育部和区教育厅的有关文件精神，结合学校实际，修订了《广西医科大学外国留学生管理手册》，使留学人员教育管理工作有规可依、有章可循，为工作科学、有序、规范地运行提供了充分保障。最后，依据教育规律以及我国相关政策成立留学人员学生会，让留学人员自己管自己。留学人员会下设置各国留学人员分会，如设立了越南留学人员分会、印度尼西亚留学人员分会等。各个分会下又设体育部、文艺部、生活部及学习部四个分部，从相应方面进行自我管理。如此不仅使得留学人员的差异性问题得到了有效解决，而且能够使留学人员在学习生活里获得一定的帮助。总的来说，完善的制度与合理的管理运行机制，使得东盟国家留学人员得以在一个优良的氛围中学习。

3. 实施特色鲜明的教学模式，使东盟国家留学人员"学得好"

广西医科大学为了帮助东盟国家的留学人员更好地适应中国的生活，克服语言上的障碍，特别探索出一套独特的教学方法，确保东盟国家留学人员可以"学得好"。首先，积极组织双语教学与全英语教学。学校在经过一段时间的探究，从2006级本科以及七年制临床医学本、硕学生中推广双语教学。双语教学培养出来的留学人员，不仅可以获得医科毕业证书，而且汉语也能达到相当熟练的程度。2007年，学校被教育部确定为首批招收本科临床医学专业（英语授课）留学人员的30所高等院校之一。其次，因材施教，教学方式灵活。学校基于留学人员语言背景的差异，进行因材施教，持续探索出与留学人员特征与需求相适应的教学方式。比如，针对越南留学人员语言面貌和中文相近、学中文比较快的特点，把他们编在中国学生的班级中；对于英语基础较好的印尼留学人员，主要采用有中国式的英文医学教材，通过讲义的方式，补充一些新的知识和内容。最后，完善质量保证体系，提高教学质量。一是实施"校—院—系"三级教学管理模式，保证了留学人员教学管理的宏观化、全局化。二是建立了科学的留学人员评估或评价体系。三是建立了"留学人员教学工作状态数据库建设与评价"制度和网络质量监控方式，定期公布有关留学人员的教学管理工作的数据和教学质量状况，形成了教师、学生和管理干部全员参加的互动式监控模式。

4. 选择针对性的教学内容，让留学人员学成回国"用得上"

广西医科大学借鉴医学教育国际标准和国内外教学改革成果，针对东盟国家医学发展的实际状况，对教学内容进行重组和重构，使留学人员学成回国"用得上"。首先，对课程进行全面、灵活的整合，打破传统专业领域的界限，让课程内容显得更加灵活与综合，为留学人员深入学习奠定良好的基础。学校对生理学、药理学、病理生理学三门课程的实验内容进行重组、优化，打造出了"实验生理科学"课程（先后获得省级重点课程和精品课程）。其次，分类选修课程。学校适当提高选修课的比重，同时拓宽选修课的学科领域，增加选修课数量，将选修课分为社会人文类、自然科学类、医药类、可供本科生选修的研究生课程类 4 个模块。最后，调整教学内容。广西-东盟国家具有相似的疾病发病谱，同为疟疾、毒蛇咬伤、狂犬病、肝吸虫、马尔尼菲青霉病等疾病的高发区。学校重点讲授这些地方常见病的防治知识，大力开展"学科—专业—课程"一体化建设，逐步构建了具有地方特色的学科、专业、教学内容和课程体系。广西医科大学为东盟国家培养了一大批既掌握现代医学基础知识、基本理论和基本技能，又熟悉地方常见病的高素质医学人才。

5. 培育大批优秀人才，留学人员学成回国"干得好"

经过长时间的探究与实践，广西医科大学面向东盟国家培养留学人员取得了良好的成绩，不但为各国输送了一批优异的医学人才，而且得到了留学生与所在国的一致好评。中国-东盟博览会期间，越南、印尼、马来西亚等国家的国家领导人、大使以及卫生部官员专程到广西医科大学考察，赞扬了学校的师资力量与教学水准，认为广西医科大学培养的留学生具有深厚的理论基础与扎实的基本功，学成回国后可以在医疗领域做出一番杰出的成绩。学校留学人员教育质量提到了他们国家的承认。

四、贵州水利水电职业技术学院面向东盟高等教育国际化的案例

（一）贵州水利水电职业技术学院简介

贵州水利水电职业技术学院（简称"贵州水院"）是贵州省水利厅直

属的全日制公办普通高职院校、贵州省高水平高职学校建设单位。学校前身是创建于1956年的贵州省贵阳水力学校，其后历经更名，于1973年9月复办定名为贵州省水利电力学校，在2016年3月创办贵州水利水电职业技术学院。2023年4月学校官网显示，学校占地面积600亩，规划建筑面积41.39万平方米；设有教学系部10个；现有在校学生1.2万余人，教职工500余人①。

（二）贵州水利水电职业技术学院的举措

1. 招收留学生

贵州水利水电职业技术学院2016年11月取得招收留学生资格后，认真贯彻党和国家的各项方针政策，于2017年3月成立对外交流合作处，突破贵州水院国际化人才培养的规格和质量，推动科研国际合作，加强外事管理制度建设，国际化办学空间得到了极大延伸。2018年秋季，贵州水院招收第一批国际留学生，共19名，其中孟加拉国11名、泰国8名。

2. 签署合作协议

这些年来，贵州水院跨越高山与河流，不断开展着国际交流合作，取得了一定的成效，与美国、瑞士、印度尼西亚、泰国等国的25所高校和教育机构建立联系，并与其中的16所院校以及教育机构签署了合作协议；同时，19名国际学生成功入校就读，学院知名度有所提升，交流合作空间得到了拓展。

3. 开展国际教育交流活动

为落实"中国-东盟职教合作联盟贵阳共识"精神，2018年学院主办"中国-东盟交流周首届学生技能竞赛"。2018年7月27日，学院与浙江省教育国际交流协会高职分会共同承办了"中国-东盟职业教育国际论坛暨特色合作项目成果展示活动"，100余家来自中国和东盟地区的政府代表、职业院校、企业机构代表共350余人参与。本次赛事的形式是将国际选手们组合起来参与，选手们打破了语言交流上的阻碍，极尽自身的精力，他们拥有精湛的技术水平，彼此配合协调，在最大程度上展现出自身的风采与精神。

4. 开展海外教学考核

为了培养出更加优质的人才，推动课程建设与国际合作，2019年8月

---

① 根据贵州水利水电职业技术学院官网发布的学校简介相关内容整理。

20 日，学院派遣 3 位老师赴柬埔寨马德望省理工学院，对柬埔寨-贵州水利水电职业技术学院亚龙丝路学院的 45 名学生进行汉语知识及电气自动化技术的教学及考核，为期 14 天。

5. 建立海外分院

2018 年 7 月 25 日，学院和亚龙智能装备集团股份有限公司与柬埔寨马德望地区理工学院就在柬埔寨共建"柬埔寨·马德望地区理工学院-中国·贵州水利水电职业技术学院-亚龙丝路学院"项目签约。亚龙丝路学院在 2019 年年初正式挂牌，亚龙智能装备集团提供实训设备，贵州水利水电职业技术学院提供人才培养方案及派出专业师资与汉语言教学师资，现已开办电气自动化技术专业。这是把行业、院校、企业交融起来，通过国际化产教融合创新发展方式来促进共建"一带一路"两国的国际职业教育合作。柬埔寨-贵州水利水电职业技术学院亚龙丝路学院率先投入试点，将力争成为中柬两国示范性产教融合、校企合作的典范，促进两国高等职业教育和文化交流，培养高质量技术技能人才典范。

2018 年 10 月，哥斯达黎加国家技术研究中心院长亲赴贵州水院，双方签订合作协议，哥方希望引进贵州水院的相关专业及人才培养方案，向哥斯达黎加政府申请开办一种新型的职业教育培养模式。2019 年 6 月，学院与哥斯达黎加劳动与社会保障部进行合作交流洽谈，并成功签约；同时，与哥斯达黎加国家技术研究中心在原有合作意愿的基础上，进一步商谈确定具体合作方式，共同签署《共建"中国·贵州水利水电职业技术学院哥斯达黎加丝路学院"协议》。

参考文献

白滨，吕欣姗，2020. 东盟国家职业教育研究［M］. 北京：北京师范大学出版社.

付红，聂名华，徐田柏，2015. 中国高等教育国际化的风险及对策研究［M］. 北京：人民出版社.

黄璨，2011. 中国-东盟继续教育合作理论与实践研究［M］. 桂林：广西师范大学出版社.

李大鹏，刘晓远，2022. "一带一路"倡议下我国西部地区高等教育国际化研究［M］. 成都：西南财经大学出版社.

李化树，2017. 中国-东盟高等教育共同体建设行动框架［M］. 北京：中国社会科学出版社.

李盛兵，2019. 高等教育国际化研究［M］. 北京：科学出版社.

李枭鹰，等，2015. 中国-东盟高等教育区域性合作研究［M］. 南宁：广西师范大学出版社.

梁方正，2022. 西南地区与东盟国家高等教育合作现状与前景研究［M］. 北京：北京理工大学出版社.

梁心怡，2019. "一带一路"背景下广西民办高校教育国际化策略研究［D］. 南宁：广西大学.

刘进，张志强，孔繁盛，2020. "一带一路"高等教育研究2019：国际化展望［M］. 北京：北京理工大学出版社.

莫海文，李晓峰，赵金钟，2020. 东盟国家教育发展研究［M］. 广州：华南理工大学出版社.

潘颖，2011. 面向东盟的广西高职教育发展研究［D］. 南宁：广西大学.

钱小龙，孟克，2017. 美国高等教育国际化概论：进展分析与经验借鉴 ［M］. 南京：南京大学出版社.

任钢建，2011. 中国-东盟教育交流实务 ［M］. 北京：人民出版社.

覃玉荣，2009. 东盟一体化进程中认同建构与高等教育政策演进研究 ［D］. 上海：华东师范大学.

汤晓军，2021. 中国高等职业教育国际化研究 ［M］. 苏州：苏州大学出版社.

唐燕艳，2021. "一带一路"视域下广西面向东盟的高职教育国际化路径探析 ［J］. 广西教育（11）：15-16，20.

唐滢，冯用军，丁红卫，等，2017. 中国云南与东南亚、南亚高等教育国际化研究 ［M］. 北京：社会科学文献出版社.

王志娟，2021. 高等教育国际化新论 ［M］. 北京：北京工业大学出版社.

韦红，2006. 地区主义视野下的中国-东盟合作研究 ［M］. 北京：世界知识出版社.

徐天伟，2015. 面向东盟的云南高等教育国际化发展战略研究 ［M］. 北京：中国社会科学出版社.

许利平，等，2016. 中国与周边命运共同体构建与路径 ［M］. 北京：社会科学文献出版社.

许旭志，2023. "一带一路"背景下广西面向东盟的高等教育国际化路径研究 ［J］. 商业经济（6）：97-99.

杨晓琴，2011. 广西-东盟高等教育合作现状及对策研究 ［D］. 桂林：广西师范大学.

杨志宏，宋海静，蔡梅，2023. "一带一路"背景下"贵州-东盟"高等教育合作机制创新研究 ［M］. 北京：清华大学出版社.

张家寿，2015. 打好东盟牌 建设广西新的战略支点对策研究 ［M］. 南宁：广西人民出版社.

张建新，2010. 21世纪初东盟高等教育 ［M］. 昆明：云南人民出版社.

张命华，章林，邓振华，2020. 东盟来华留学生教育研究 ［M］. 北京：北京理工大学出版社.

赵铁，林昆勇，等，2018. 中国-东盟命运共同体建设中文化产业作用机制研究 [M]. 北京：人民出版社.

中国-东盟中心，2014. 东盟国家教育体制及现状 [M]. 北京：教育科学出版社.